让孩子掌控自己

林甲针 杨海雁◎著

海峡出版发行集团 | 福建教育出版社
THE STRAITS PUBLISHING & DISTRIBUTING GROUP

图书在版编目（CIP）数据

让孩子掌控自己/林甲针，杨海雁著. ——福州：
福建教育出版社，2025.8

ISBN 978-7-5758-0535-3

Ⅰ. G782

中国国家版本馆CIP数据核字第20252TQ429号

Rang Haizi Zhangkong Ziji

让孩子掌控自己

林甲针，杨海雁　著

出版发行	福建教育出版社	
	（福州市梦山路27号　邮编：350025　网址：www.fep.com.cn	
	编辑部电话：010-62027445	
	发行部电话：010-62024258　0591-87115073）	
出 版 人	江金辉	
印　　刷	福州万达印刷有限公司	
	（福州市闽侯县荆溪镇徐家村166-1号厂房第三层　邮编：350101）	
开　　本	890 毫米×1240 毫米　1/32	
印　　张	7.25	
字　　数	150 千字	
插　　页	1	
版　　次	2025 年 8 月第 1 版　　2025 年 8 月第 1 次印刷	
书　　号	ISBN 978-7-5758-0535-3	
定　　价	35.00元	

如发现本书印装质量问题，请向本社出版科（电话：0591-83726019）调换。

目录

序言

　　"可怜天下父母心!"当代中国家长伴随着经济腾飞而成长,他们大多是独生子女,对自己的孩子有着更高的期待,他们的想法和行为容易缺少边界感,对孩子的爱表现出一些过度甚至有极端的行为。

　　一是过度安排。大事小事,父母都拼尽全力为孩子安排,"有一种冷是妈妈觉得你冷"。学科补习、才艺培训及竞赛辅导,孩子的每日行程精确到分钟;周末被奥数、钢琴、编程等课程占据,孩子缺乏自主探索时间和自主探索精神;家长以"全面发展"为由压缩孩子睡眠和运动时间;有些孩子甚至进入大学之后,选宿舍、选室友、选课程等家长都全程陪同,事无巨细地帮孩子安排。

　　二是极端的爱。一些父母把孩子视为人生的全部,为孩子可以付出所有,如放弃事业、全天候陪读;"砸锅卖铁",掏空积蓄支付天价补习费用,甚至为此背上沉重的债务;无限满足孩子的物质需求,纵容不合理要求;过度保护,杜绝一切风险体验,衣来伸手、饭来张口;情感绑架,将自我价值转嫁给子女,强迫孩子背负家族使命,考取名校;侵入式关怀,监控孩子社交,干预交友甚至恋爱。

　　父母这种极端的爱,是一种自我缺失、缺少边界感的表现,是以爱的名义控制孩子，实质是恐惧分离的心理投射；对孩子而言，这种极端的爱让他们难以承受，感到窒息，甚至想逃离。家长剥夺孩子的试错权，会催生孩子形成依赖型人格。

林甲针老师是浙江省心理健康教育特级教师、正高级教师，与我相识多年。从职高校长、教科所所长到特级心理教师，林老师一直深耕在教学一线，持续不断地为学生与家长提供公益心理咨询服务。林甲针老师在多年的心理咨询中敏锐地看到了当代中国家长过度甚至极端的爱对自身及孩子造成的心理伤害，同时也洞察到了这种心理伤害的本质——孩子丧失掌控感。

掌控感是自己能够主导事情、拥有决策权的内在感觉。没有掌控感，个体会有两种不同的反应：

第一种反应是逆反。当个体觉得自主权被剥夺时，往往会通过做相反的事情来重新获得自主权。

第二种反应是无助。当个体意识到自己对结果几乎无法掌控时，会产生无助感。这种无助感容易导致孩子在遇到不太严重的事情时没有信心去面对、不敢尝试、退缩甚至放弃。长此以往，孩子的自主能力会不断弱化，无法独立决策，遇事犹豫退缩；低自尊与无力感滋生，因长期被动服从而怀疑自我价值。成年后易形成回避型人格，面对挑战时回避责任或过度自责。根源在于自主权被剥夺，阻碍了"自我效能感"与"心理韧性"的发展，抑制了独立人格的形成。

林甲针老师在多年咨询中积累了一个个沉重、鲜活的案例，这些案例向父母展示了过度安排及极端的爱是如何导致孩子缺失掌控感，对孩子造成严重心理伤害的。从发展心理学的视角让父母看到掌控感对孩子发展健全人格的重要性，引导父母从建立良好关系、引导孩子自我觉醒以及体验成功等环节帮助孩子发展、感受并增强掌控感。

　　本书用反思性的文字记录了鲜活的案例，诠释了心理学上的掌控感对孩子全方位成长的影响，警醒家长反思自我。同时，借助生动的案例让家长看到如何在生活中帮助孩子发展并增强掌控感，提高孩子对获得掌控感的迫切需求，与孩子共同成长！

　　是为序！

　　　　　　　　　浙江省教育科学研究院副院长
　　　　　　浙江省中小学心理健康教育指导中心办公室主任
　　　　　　　　　　　　　　　庞红卫

　　　　　　　　　　　　　　　2025.2.20

自序

2022年我在福建教育出版社出版了《感受孩子的感受——青春期，与家长说》，图书策划人江华老师问我下一本书打算写什么，我说继续写家庭教育的书，以问题为导向，存在什么问题就试着去解决。江老师与我探讨了中产家庭的孩子，青春期蛰居、躺平在家的越来越多，背后肯定有共性的东西值得我们去思考和研究。

从那时起我就试图揭示家庭环境中父母与孩子之间的互动模式对孩子心理发展的影响。发现"鸡娃""烂尾娃""蛰居""躺平"等现象背后，往往隐藏着的是孩子掌控感的缺失。

"掌控感"是指一个人对自己能够影响或管理生活中事件、环境和结果的主观感受与信心。简单来说，就是觉得自己能主导某些事情或有能力应对变化，而不是完全被外界牵着走。

掌控感不是控制一切，不等于完全掌控所有事情，而是聚焦自己能影响的部分，如天气无法控制，但可以选择出门带伞；面对挑战时，相信我有办法解决或我能调整自己适应它，即使结果不如预期，也能通过行动或心态调整减少无助感；能灵活应对生活中的不确定性，而不是强求绝对控制。

"鸡娃"曾是许多中产家庭的教育选择，家长希望通过高强度的课外辅导和兴趣培养，让孩子在学业和特长上脱颖而出。

然而这种教育模式忽视了孩子的自主性和内心需求。当孩子被过度安排、缺乏自主选择的权利时，他们的掌控感被削弱，甚至可能产生逆反心理或厌学情绪。近年来"烂尾娃"遍地，部分原因就是"鸡娃"的后遗症，过度学习反倒会降低孩子学习的自主性。这种现象背后，是父母对教育的过度控制和对孩子自主性的忽视，导致孩子在成长过程中失去了对生活的掌控感。

心理学家马丁·塞利格曼提出的"习得性无助"理论指出：当个体多次面临无法改变的消极情境后，会产生无力感，即使未来有成功的可能性也不再尝试。这种心理状态在家庭环境中尤为常见，当父母过度控制孩子的成长路径、忽视孩子的自主需求时，孩子很容易陷入"努力也无用"的心态，最终选择"躺平"或"蛰居"。

在许多家庭中，"乖""懂事""听话"是父母对孩子的常见评价标准，也意味着孩子需要无条件地服从父母的安排，从而剥夺了他们的自主性和掌控感。长此以往，孩子可能会形成"妈宝"性格，过度依赖父母，缺乏独立思考和解决问题的能力。这种现象的根源在于父母的焦虑和对控制的渴望。父母往往因为自身的不安全感，试图通过控制孩子来实现自我价值。然而，这种做法不仅无法帮助孩子成长，反而会让孩子在心理上产生依赖，失去面对生活的勇气和能力。

在竞争激烈的社会环境中，父母常常担心孩子无法适应社会，试图通过过度干预和保护来确保孩子的成功。然而，这种焦虑往往导致父母在家庭中缺乏边界感，边界感的缺失不仅会让孩子感到压抑，还会削弱他们的自主性和责任感。当父母试图为孩子安排好一切时，孩子会逐渐失去对生活的掌控感，进而陷入无助和依赖的状态。

当下父母自身能量的不足也是一个重要的问题。能量不足的父母往往无法为孩子提供足够的支持和引导，而是将自身的焦虑和不安传递给孩子。孩子不仅无法从父母那里获得成长的动力，反而会因为父母的负面情绪陷入更深的困境，失去对生活的掌控感。当父母能够以积极的心态面对生活，为孩子树立榜样时，才能为孩子提供足够的支持和引导，帮助孩子建立自信和掌控感，孩子才能更容易地获得成长的信心和动力。

通过三年多的个案辅导和研究，我们发现让孩子拥有掌控感的关键在于尊重孩子的自主性和个体差异。父母需要学会放手，让孩子在成长过程中拥有选择的权利和承担责任的机会。同时，父母需要建立清晰的边界感，避免过度干预孩子的事务，让孩子在相对自由的环境中探索和成长。

本书所涉个案以中产家庭居多，绝大部分父母是体制内的工作人员。笔者和杨海雁老师对这些案例家庭的辅导结合了线上和线下模式，我们记录了整个辅导过程，并将辅导中的成败通过本书呈现给读者。

案例涉及浙江、江西、福建、广东等地的多个家庭，为保护隐私，具体信息都做了隐藏处理。

本书成稿后请了一些家长和老师试读，有家长说，看后教育孩子的焦虑感确实降低了许多，但还是感到迷茫，因为书里提到对孩子既要管教又要放手，但家长实在难以把握"管"和"放"的边界。是的，家长反馈的问题是存在的。教育很复杂，双胞胎的孩子具有同样的遗传基因和教育环境，长大后会成为不同的人；教育不同年龄段的孩子要用不同的教育方法。教育没有现成的标准答案，本书中的观点仅供读者参考。

掌控感缺失的背后
是父母边界不清

　　最好的成长是自我成长，最好的掌控是自我掌控。作为父母，最重要的是引导孩子学会独立思考、自主决策，找到热爱，并勇于承担责任，充分激发他们自我完善的内在动力，让孩子在体验成长的困惑与快乐中，收获成长的勇气和力量。

父母过度安排，导致孩子的掌控感被剥夺

人生中最绝望的不是困苦，而是无法掌控自己的人生。

克里希那穆提说，只有当你缺乏理解的时候，才有掌控的必要。如果你已经把事情看得很清楚，自然就不需要掌控了。也就是说，父母若懂得边界、守住边界，孩子也不会感到被控制和侵犯。

❯❯❯

期望越高，越接受不了平凡的自己

女孩子，六年级，白白净净，亭亭玉立，已经被私立初中提前录取了。但她面目僵硬、情绪低落地出现在了我面前。

孩子到了初中，最好的成绩在班里位居前十。在强手如林的重点班，学习氛围特别浓，她能勉强接受当下的状况。可是让她纠结的是奥数成绩不行，诗词储量没有其他同学多。

我问她："能否做个平凡的女孩?"

她说："接受不了，因为我的父母说我以后会很有出息。"

我说："你有优点吗?"

她说："我都第十名了，还有优点吗? 我对不起自己，对不

起家人，对不起老师……"

后来，她从私立学校转到了公立学校，一段时间后，失去了学习动力，蛰居在家，已经不能正常上学了。

这是近年来找我帮助解决不去学校读书的孩子中的一个。之前，我走访了多所重点高中，高一、高二、高三都有孩子蛰居在家，每个学校平均有40来人。

大部分蛰居在家的孩子都觉得自己很优秀，接受不了做平凡的人。

高校老师的孩子：

我和孩子父亲都是高校教师，从学习的角度来说，我们应该是20世纪功利性教育的既得利益者，但我们真的不懂教育。我的孩子是一名男孩，在小学阶段成长得还算顺利，成绩优秀，兴趣特长也发展较好。小升初考试在班级排名第四，年级排名应该在前100。基于这样的成绩，在教育内卷的大背景下，我们对孩子的学习成绩提出了很高的要求，但孩子的心智不是很成熟，学习的内驱力也不是很强。

初一到初二上学期，在分数至上的大环境下，在老师、家长督促下，孩子还能认真学习。但到了初二下学期，孩子进入14岁以后，自主意识增强，学业压力加大，学科短板明显，成绩平平，正如您说的"自身存在的意义感和价值感被深刻剥夺"，就连证明他存在价值的学习成绩也不好后，孩子感到崩溃，开始选择逃避、躺平、拒学……

高中老师的孩子：

林老师好，有个问题想向您咨询，孩子一进教室就紧张，不敢多做动作，只想一直坐在位置上，觉得别人都在看她。而且孩子总是打嗝、胀气，甚至胃痛，在医院做了肠胃镜检查，没太大问题。但孩子若在家里待着，这些症状就会缓解，最重要的是心情会放松。所以上学断断续续，换了学校之后情况也没有太大改变。

目前，孩子说自己身体不好，情绪也不好，决定在家休息，到八年级再去读书。

在家里，如果不劝她去学校读书，她状态就很好，学习、看书、打扫卫生等，都会自己安排。如果劝她，她就不理我了，觉得我不理解她，说她在教室里真的很痛苦，无法专心听课。现在只要不提上学，她就很放松，一切正常，那是不是说我现在先按她的意愿来？不再劝她去上学？目前我们以鼓励她为主，其实孩子成绩不错，性格好，特别能考虑别人的感受，在与人相处中经常选择委屈自己来成全别人。她身高也可以，原来微胖，现在瘦了，就是长相普通。我们给她讲了很多道理，比如长相不是最重要的，性格更重要等，但是好像没有效果。

她爸爸是高中语文老师，对孩子期望很高，希望孩子不仅能取得优异的成绩，也能成为独立思考、坚强不屈的人，替孩子安排了很多事，也总是催孩子做这做那。孩子刚开始也一直表现得很优秀，是别人眼中的好孩子。

初中老师的孩子：

老师好，我的孩子是女孩，独生女，她爸爸是国企高管，平时孩子都是我带。女儿从小比较听话、自觉，也很开朗乐观，学习成绩在小学和初中时都挺好的。

虽然中考发挥失常，但我和她爸爸想办法让她进入了高中一个很好的班。高一上学期，孩子在这个班级里除了成绩不太突出，其他都很好，老师也说她和同学相处融洽，总是乐呵呵的。当然，她因为成绩不好也被我多次教训，告诉她要珍惜在这个班读书的机会。

高一下学期孩子的成绩仍旧没有提高，我很着急。她有一次在家闹情绪，说不想待在这个班了，压力太大了。我觉得是孩子太矫情，不爱学习。我一想到她的学习成绩就很难受，在家里也总跟她闹情绪，彼此都很累。

因为孩子读书的事儿，我感觉自己的体质变得越来越差了。

高二了，学校重新分班。她本来是被分到普通班的，但我们还是想办法让她留在了好一些的班级。现在她在这个班里学不下去了，甚至不愿去学校读书了。

小学老师的孩子：

林老师好！我的孩子初三，女孩，在某校的重点班，期末考试年级第八名。她感觉学习累，为了逃避写作业就在家哭闹，不去学校读书，问她什么都不回答。每隔一两周就会出现这种情况，休息一两天又去学校上课，让她退出重点班，她也不回答。

她已经被私立学校录取，但还是三天打鱼两天晒网，时常硬着头皮去学校读书，但坚决不参加考试。她说不参加考试的原因是担心妈妈对自己的分数、名次不满意。

孩子小学一年级时数学考99分，试卷不拿出来，藏起来；小学六年级时英语考了94分，在家里哭泣了半个小时。

　　我是小学数学老师，孩子小学就在我任职的学校，老师、同学对她都照顾有加，孩子也是一路顺畅。当时我对孩子期望很高，经常说：你要像表哥一样去复旦大学读书。孩子的表哥在复旦大学就读哲学专业，堂哥在澳大利亚墨尔本大学学计算机。家族成员的学业优秀可能也压得她喘不过气来。

　　目前孩子睡眠不好，每天晚上最多睡4个小时，食欲也不好。昨天晚上九点多睡觉，中间两点醒过一次，三点起床，频繁上厕所，不知道为什么总感觉她很烦躁，做什么都没劲，很容易困但睡不着，黑眼圈浓重，一天到晚没胃口，只能吃几口饭垫垫肚子。她在想一件事或做一件事的时候很容易失神发呆，对周围的声音很敏感，中午吃饭的时候甚至听到身后传来很像吉他的声音，是那种把铁丝拉直弹、拉吉他发出的声音，但是转身去看的时候这种声音又没有了。

　　……

　　其中一个孩子的妈妈和我提到孩子的名字时，我很惊讶，怎么会是这个孩子？我给这个孩子所在的班级上过心理课，孩子给我的印象也是很开朗乐观的。平时，她看到我会主动打招呼，和我说一些有趣的事。

　　我和孩子交流时，孩子说自己不是通过实力进入这个班级的，感觉非常压抑。班级里很多同学也知道她的情况，都对她有些不屑。她平时只能用笑容来掩饰内心的痛苦……

　　其实，来找我咨询的父母对孩子成绩的要求往往很高，一谈到孩子就谈成绩，考得好的便沾沾自喜，考得不好的就伤心难过，妈妈的情绪都写在脸上，不知不觉就让孩子感到了巨大的压力。他们不谈孩子有没有健全的人格，内心有没有力量、爱心、耐心，不说情绪的调适、生涯规划、人际关系……孩子的标签只有一个，就是分数，好像只要分数高就万事大吉了。但分数是动态的，小学成绩好不等于初中成绩好，初中成绩好不等于高中成绩好。就算上了名校，也有一部分孩子因为各种原因退学，甚至有些孩子毕业了也不能很好地工作。

父母总是给孩子报很多培训班，期待孩子收获满满。即便没有报班，孩子也常常在父母的安排下失去对自己时间的掌控权。有的孩子甚至连发呆的时间也没有，这时候的孩子特别听话，一切照办。孩子的好成绩是妈妈骄傲的谈资、做人的面子。

家长把孩子的人生当自己的人生经营，天天催着孩子成长进步。大部分被"催熟"的孩子没有后劲。在这样的环境下，孩子感到压抑，没有表达渠道或不知道怎么表达，自我力量弱。他们往往只会通过追求分数去取悦他人，自身存在的意义和价值被剥夺。

弗洛伊德认为，没有被表达的情绪不会自动消失，而是被活埋，有朝一日会以更丑恶的方式爆发出来。因此，孩子一次次表现出对学校教育的不适应的背后其实是对被掌控的愤怒表达，是创伤后的外在表现。

奥尔德斯·赫胥黎的"逆向努力法则"认为：我们越努力用有意识的意志去做某事，我们就越不会成功。庄子也认为：意有所致而爱有所亡。中国传统智慧称之为"欲速则不达"。

临床心理学博士、北大教授徐凯文提出的"空心病"病例，临床占比还真不少。空心病是指青少年价值观缺失导致的精神障碍现象，其核心症状表现为抑郁情绪、孤独感；还有些患者感到自我身份模糊甚至缺失，对寻求外部认同有着强烈的追求，同时非常担心可能的负面评价等。

因为父母对自己的期望非常高，孩子往往会对自己产生错误的认知，觉得自己一定是非常厉害的。一旦发现自己不厉害，只是很平凡的一个人，就会开始逃避、躺平。

父母越不接受孩子当下躺平，孩子就越走不出来。其实父母对孩子的过多期待，认为自己的孩子一定是优秀的，会让孩子产生一种无形的压力，形成固定的思维模式：我必须比别人优秀。

当孩子戴着父母的压力"镣铐"行动时，能够正常甚至超常发挥吗？一些家长会因为孩子的平凡感到没有面子。其实从客观上讲，天才与精英始终是极为稀有的明珠，这也让绝大多数个体在对比之下显得平凡。

孩子的平凡，并非意味着缺乏价值或能力不足，而是现实世界中普遍存在的常态。很多时候，平凡不仅是我们家长的真实存在，也是孩子的真实存在。作为家长，很多时候要关注孩子在平凡中的不断努力、追求进步的身心状态。不要总害怕自己不够好，也不要非等到感觉自己完美了才出场，每个人都是在跌跌撞撞中成长的。家长要相信也要允许，也许我们的孩子没有显赫的天赋，但我们的孩子会努力追求，有不服输的劲儿，会在适合他们的领域里闪闪发光。

我允许

伯特·海灵格

我允许别人如他所是。

我允许，他会有这样的所思所想，

如此地评判我，如此地对待我。

因为我知道，他本来就是这个样子。

在他那里，他是对的。

若我觉得他应该是另外一种样子，

伤害的，只是自己。

我唯一能做的，就是允许。

以上诗句节选自海灵格的《我允许》。平凡并非平庸，家长的焦虑会传递给孩子，增加孩子的负担，孩子以后能成为什么样的人绝不是你现在能设计的。真正的强大不是去对抗，而是去接纳。所谓的强大，与对抗无关，是真心去接受。当你允许所有的可能发生之后，一切都会变得柔和。

控制越强，孩子的反抗意识越强

学校组织的《感受孩子的感受——青春期，与家长说》家庭教育读书会上，一位妈妈跟我分享了对女儿深深的焦虑。

她眼眶湿润，声音颤抖，结结巴巴、断断续续地诉说着自己的担忧：

十七岁的女儿恋爱了。妈妈担心女儿意外怀孕毁一生，担心女儿婚前生孩子让自己在村里抬不起头……

她说自己是一名普通工人，孩子的爸爸在工厂里从事管理工作，家庭经济条件一般。她跟孩子的爸爸都是高中毕业，家里就一个女儿，现在在某重点学校读高二。

女儿从初一开始就喜欢一个男孩，两个人天天黏在一起。初二的时候，双方家长进行了强力干涉。那段时间女孩的学业成绩从年级第50名下降到第234名，两个孩子商量好，都要认真读书，争取考到同一所重点高中。皇天不负有心人，初三的时候，两个人的成绩都进入了年级前20名，能够考上较好的高中。

四年多了，两个孩子依然恋爱，相互激励，出双入对。但女孩的妈妈特别担心，两个人卿卿我我，搂搂抱抱，万一有身体接触，怀孕了怎么办？万一什么时候把孩子生下来怎么办？

她还担心孩子考不上好的大学、担心孩子让她丢面子……为此，她甚至想过不让孩子去上学。

这些担心让她吃不好、睡不好！

孩子目前学业成绩和之前比，名次有所下降。她跟孩子说，如果再跟那个同学谈恋爱，就不让出门。

孩子现在对妈妈很反感，甚至跟妈妈对着干。每天回家，就摆一个臭脸给妈妈看，妈妈感觉很委屈。她越想掌控孩子，孩子就离她越远。妈妈想不通，自己都是为她好，为什么孩子不领情？

凡是你想控制的，其实都控制了你，越想控制，就越容易焦虑。我感觉女孩的妈妈无限放大了孩子的问题。

这位妈妈问我，现在该怎么办？

心理学上有罗密欧、朱丽叶效应，指当恋爱关系受到外界的阻碍或反对时，恋爱双方的情感反而会变得更加强烈，恋爱关系也因此变得更加牢固的现象。人们天生具有反抗外界压力的本能，当被要求放弃自己选择的恋人或事物时，出于抗拒心理，个体反而会更加坚定地维护自己的选择，并增加对所选对象的喜欢程度。民间传说梁山伯与祝英台的故事恰巧印证了这个效应。

我还接触过一个孩子，她说自己在初中时本来和那个男生没什么关系，就是两个人的成绩都不错，她平时会向男孩请教学习上遇到的问题。接触多了，班级同学就说他们很像一对恋人。

两个人听到后，刚开始也觉得没什么，本来班级里的同学就喜欢八卦，但是时间久了，各种传言就越来越离谱了，甚至说他们俩在课堂上眉来眼去。渐渐地，两个人再看到对方时也有些不好意思了。

最后，这些话传到了班主任的耳朵里，老师在课堂上直接说最近班级里有些同学要注意男女生的关系，并讲了许多早恋的坏处。

女孩知道老师在说他俩，感到非常不开心，也有些害羞。

一次偶然的机会，男孩也向女孩提起自己最近因为这件事非常苦恼。两个人慢慢开始互相倾诉心事，并逐渐产生了好感，后来甚至开始悄悄约会。他们好像在用实际行动证明：你们越想叫我们分开，我们越要在一起。

后来，两个人没有读同一所高中，联系少了，慢慢也就分开了。

女孩说老师当时的做法让她很受伤，人都有逆反心理，你越不让我们这样做，我们越要这样做。

同样，家长和孩子关系好了，孩子才会听家长的话，才会跟家长探讨他的问题。否则，孩子会觉得家长不是在帮自己，而是要掌控自己、责备自己。

家长的不安全感转移到孩子的身上，就会产生严重的焦虑。

曾经有个家长伤心地和我说，自己读初中的孩子一再和她强调自己与同学有冲突的事不要和她班主任讲。家长也信誓旦旦地说：你放心好了！我肯定不说。于是，孩子向家长讲述了自己被寝室同学欺负的来龙去脉。原来，室友总是在熄灯后，悄悄把自己带来的另一盏灯打开继续学习，这严重影响了她的睡眠。孩子说了这个同学几句，这个同学反而嘲笑她，说她谈恋爱了。孩子说自己没有谈恋爱，只是与某男生交流比较多。孩子在班级里，与这个同寝的女同学关系也不太好，有时甚至会相互看不顺眼。

妈妈听后，越想越难受，感觉自己要干涉一下，让孩子离开这个寝室，或让那个女生离开这个寝室。如果自己的孩子真的谈恋爱了怎么办？有必要让班主任出面禁止他们在一起。

于是，妈妈悄悄找到孩子的班主任，说明了情况，希望班主任能帮忙换寝室或确认一下孩子有没有早恋。最后，孩子的妈妈跟班主任说："您能不能不告诉我的孩子我来找过您？孩子不允许我把这些事说出去。"但是在班主任看来，班级里出了问题肯定要找孩子了解具体情况，才能确定下一步的处理方式，而不是仅听妈妈的一面之词就做出判断。

很快，班主任通知两个女生过来了解情况……

女儿也马上知道妈妈去找班主任说了自己的事。之后，女儿在家里至少有半年的时间都是摆臭脸给妈妈看。

没有所谓的教育，只是能量影响能量。家长自己有价值了，就不会依附在孩子身上，不再局限于担心孩子，而是要学会关心孩子。父母如果非要扮演拯救者的角色，掌控自己的孩子，那么到最后不但拯救不了，更掌控不了孩子，反而在孩子眼中站到了他的对立面。这就像家长从自己的角度出发，卖掉孩子的游戏账号，给孩子一本作业本，觉得自己这样做是对孩子好。可是孩子会觉得这样做好吗？孩子会认为，这就像我把妈妈的化妆品卖掉，给她一条毛巾一样。所以，家长和孩子要多理解对方，学会换位思考。孩子有自己的成长规律，有权决定自己的成长轨迹。做家长的，首先要过好自己的人生，该干什么就干什么，带着孩子的问题、自身的问题，一起前行。

凡事有利有弊。允许孩子谈一场恋爱，让他在这一过程中体验到爱、痛苦、分离、相聚，这也许可以让孩子的生命更加丰盈。

我们担心18岁的孩子谈恋爱，也担心35岁的孩子不谈恋爱。家长不但要学会接纳孩子的命运，允许一些事情发生，而且要意识到：孩子遵从了你的建议，你是否会觉得孩子这也行那也对？反之，就会觉得孩子这不行那不对？所以，如果总是否定孩子，孩子慢慢就会丧失存在感。这意味着：孩子丢失了自我，只是为父母而活。综上，要学会与孩子探讨问题，让孩子自己做决定，孩子才会感觉自己有价值。

有一年，某高中发布了一则引人深思的公告：高三学生小芳，与一名男同学多次借课间、放学后在教室里单独相处，并做出一些超出正常男女同学之间关系的肢体行为，产生了恶劣的影响。校方决定对涉事的两名学生进行严肃处理——勒令退学。就在公告发出的当天下午，小芳返回家中，选择了极端的方式——用农药结束了自己年轻的生命。

悲剧发生的第二天，小芳家人为了寻求真相，前往学校调取了事发当天的监控录像。经过仔细查看，监控录像显示，小芳与那位同学仅仅是在一起谈话，没有任何超出正常同学关系的行为。这也引发了公众对学校处理此类问题时是否过于草率、缺乏人性关怀的广泛质疑。这起事件不仅对家庭造成了巨大的打击，也成了社会讨论青少年恋爱教育、学校管理政策以及心理健康疏导的重要话题。它为社会各界敲响了警钟，处理青春期的青少年情感问题要用更加谨慎和人性化的方法，而不是一味地制止和控制，同时也再一次强调了心理健康教育的重要性，要确保学生在遇到困难和问题时能够获得适当的帮助和支持。

讲到这里，我又想起自己辅导过的另一个案例，真的是家长掌控力度越大孩子越失序。

初一女孩萌萌，从小学开始成绩就一直很好，特别是作文，几次在县里面获得一等奖，老师多次在班级里将萌萌的作文作为范文念给其他同学听。她更是爸爸妈妈眼中的乖乖女，同学眼中的好伙伴。

因为作文好、语文好，一到初中，她就加入了学校的文学社。文学社共有30位同学，有初一的同学，也有初三的学长学姐。社长是一名初三的男孩，帅气十足。

一次晚自习时间，初三的一名男生拿着一本书给萌萌。因为是晚自修，被值班的班主任发现了。班主任是一名四十多岁的女老师，平时就对学生要求严格，她带的班级的学生成绩很好，她本人更是获得了学校的认可和家长的信任。

班主任检查了男生拿来的书，里面有一张纸条，内容有点暧昧，老师觉得男生与女生有谈恋爱的嫌疑。于是检查了两个孩子的手机，发现了蛛丝马迹，就此断定两人在谈恋爱，并想全力制止。班主任先是叫来孩子的父母谈话，30分钟后学校政教处发出《关于××同学谈恋爱处分的布告》，白纸黑字贴在墙上。那天孩子一个人到食堂吃饭，看到全班人在看布告，她说自己当时死的心都有。

萌萌觉得这个事情老师处理得太不专业了，让她产生了严重的被羞辱感。那天老师如果能悄悄处理，天知地知你知我知，她会感激老师一辈子。可是老师用力太猛了……

从那以后，她不再信任老师，处处与老师作对，要反抗到底。于是老师再次叫来了萌萌的父母，恶性循环就此展开。一个月里，爸爸妈妈被叫到学校13次，孩子也破罐破摔，不再听父母的话。

我突然想起一句话：如果要摧残一个孩子，就让孩子当众出丑。从那天开始，孩子就不那么听话了，什么事都干得出来。

之后，萌萌的家长觉得要增加对孩子的掌控力度。尽管爸爸妈妈是开厂子的。孩子已经初二了，站起来比妈妈还高，妈妈跟爸爸非要把孩子带在身边，怕她离开自己的掌控范围，会接触不该接触的人，会去抽烟，甚至与同学吵架……

孩子去图书馆不行，要去见同学也不行，后来被私立学校劝退了。

之后，萌萌转到另一所私立学校，每次到学校读书，爸爸妈妈一定要把她送到校门口。有一次爸爸妈妈把孩子送到离学校100米的地方便离开了，却担心孩子没有去学校，为此纠结了几个小时，甚至后来打电话给老师确认孩子是否到校。老师回复孩子正在学校学习，并希望爸爸妈妈对孩子放心一些。我也提醒萌萌的家长：你们这样掌控孩子，孩子自己做不了主，那种你们渴望看到的内驱力是很难发展出来的。如果孩子完全在你们的掌控下，那么孩子做的一切都是给你们看的，不是她内心想做的。

我最担心的是孩子后续是否会出更大的问题。

快过年了，萌萌的妈妈给我打电话说要见我，在电话里说孩子被学校劝退了。这个消息让我感到特别吃惊，因为之前孩子换了一所学校，家长最担心的是孩子成绩跟不上。没想到她被学校劝退的原因是当众叫了老师的名字。老师特别生气，调出监控又发现孩子殴打其他同学。至此，萌萌已经被两所私立学校劝退了。

爸爸妈妈非常焦虑：这么好的孩子，为什么会变成这个样子？

掌控欲强的家长，先是担心一些小的失序。比如，担心孩子吃不够，于是孩子不想吃了还强喂；担心孩子冻着，孩子不冷还给他强加衣服；担心孩子上学迟到，每天都盯着孩子，督促孩子按时上学；担心孩子学坏，会因为孩子抽一次烟、喝一点酒和"坏孩子"说一句话、穿一件打洞牛仔裤而暴跳如雷。总之，在这样的父母看来，孩子的自发行为中可能出现太多的失序行为，于是他们努力掌控。

但最终，他们收获了更大的失序——要么孩子的个人意志被他们的掌控欲杀死，要么孩子叛逆成为一个他们口中的"坏孩子"。所以说，忧伤、愤怒、焦虑、嫉妒等都不是问题，问题是我们试图消灭它们，我们视它们为失序，我们想掌控，以为掌控的局面是秩序。其实，真正的秩序是自由，是顺其自然，是活在当下。

父母越依赖孩子，孩子越想逃离父母管控

家庭中最大的悲哀是父母向孩子索取情绪价值。

前些日子，到一个幼儿园调研，老师告诉我，大班有一个男孩，六岁了，每天还在喝妈妈的母乳，并不是孩子想喝，是妈妈如果一天不给孩子喂奶，心里就空落落的。妈妈认为母乳是孩子成长过程中最好的营养。妈妈直言："孩子是我生的，当然得一切听我的。"

无独有偶，我到一所重点高中开家庭教育讲座，结束后有位妈妈跟我说，她读高一的儿子现在在家躺平，不来学校读书了。妈妈说自己平时对孩子照顾得无微不至，孩子衣来伸手，饭来张口。

让我特别惊讶的是：妈妈居然说孩子一直和她睡一张床，爸爸在隔壁房间睡觉。妈妈说习惯了，不和孩子睡不放心……

类似的情况还有很多，比如一名三十多岁的男性求职者，在找工作填表格时，给妈妈打电话："妈妈，期望薪资是多少呢？联系人写你，还是写我爸呀？我的身份证号码是多少？"

一名三十五岁的男人酒驾，被警察查到。妈妈赶到现场，非常着急地对警察说："警察同志呀，我的孩子才35岁，他还是个孩子呢！请您高抬贵手，放过他吧！"

一个婚礼的现场，新娘新郎、双方父母在主席台上，新郎手牵着新娘的手，没有任何互动，而全程与妈妈贴脸、不舍、不甘、腻腻歪歪、含情脉脉、搂搂抱抱，全场的人都看傻了……据说结婚不到一个月，这对新婚夫妻就离婚了，原因是女方实在受不了男方是个"妈宝男"。

一个女孩子说男朋友早上起床，第一件事就是给他妈妈打电话，报告自己起床了；吃饭时和妈妈视频，说自己早上吃面包了；上午穿什么衣服上街，要报告妈妈；做什么工作更要汇报……一天至少10个电话。男孩觉得一天10个电话不是很正常吗？她是我妈！我得孝顺。

……

在这些个案中，孩子是妈妈心头的宝贝。因为妈妈放不下孩子，导致孩子心理瘫痪、选择障碍。

讲到这儿，我想到了发生在某大学的研究生自杀事件：

杨某某六岁时爸爸去世，妈妈把她和小她两岁的弟弟拉扯大。

报考大学时，杨某某想选离家远的学校，妈妈不同意，她听妈妈的话，报了省内大学。因家庭原因，大三时，妈妈搬来和她一起住在寝室里。时间久了，室友不愿意，由此她跟同学的关系逐渐疏远……

本科毕业后，她考上某市的公务员，妈妈说她的梦想在上海、在北京，不能去小地方。于是杨某某又考上了外省的公务员。

27岁那年，她喜欢上一个男孩子，想谈恋爱，妈妈说：

"我们楼上的一个女孩子35岁了还没有结婚，你那么早谈恋爱做什么？"

28岁那年，她考上了东北某大学研究生，妈妈说东北太远了、太冷了，不能去。

29岁那年，经过不懈地努力，她终于考上了上海某高校研究生，妈妈想与她一起住，睡一张床，杨某某也同意了。但同寝室的两个同学申请搬离，学校不同意另外安排其他两个同学住宿。杨某某以家庭特殊为由，向学校申请一个房间或一个床位，以安排妈妈的生活，但终究没能如愿。

之后，她帮妈妈在校外租好房子，落实好妈妈的住处，在妈妈还在等着她去整理房间时，她回到自己的研究生宿舍，在洗手台上用毛巾上吊，最终因窒息而死。其实，只要她当时站起来就不会死，但她毫无留恋，去意已决。

没有朋友，没有知己，没有梦想，没有青春，没有现代化的生活。杨某某的路越走越窄，唯一拥有的是妈妈，以及无穷的挫折、孤独、憋闷、自卑、屈辱和道德枷锁。

有位网友说：

我一直难以想象，这30多年，她是怎样过的？因为妈妈时刻不离左右，没有私人空间，没有个人时间，没有自身情感的小小角落——母亲，似乎已经成为她今生今世无法摆脱的另一半，所以她无法寻找另一半，也无法开始恋爱。她走到哪里都要带上并不年迈也无疾病的妈妈，始终活在妈妈的监管和掌控之下。从个人选择的角度看，她几乎从未获得过一个成年人应有的权益，而这恰恰是被孝道文化所剥夺的。

妈妈五十多岁，身体健康、有退休金、有老房子……却缠着自己的女儿不放手，这不仅限制了孩子的个人成长与发展，也对家庭关系及社会角色的正常构建产生了负面影响。

问题不都出在妈妈身上，有些爸爸也是如此。有位爸爸来找我咨询，他是公职人员，女儿四年级，重度抑郁。夫妻早年离异，女孩被判给了爸爸。爸爸为了女儿几乎放弃了自己的工作，张口闭口都是自己的宝贝女儿。每天照顾孩子的饮食起居，只要孩子离开自己的视线，就会产生严重的不安全感，更容不得孩子受半点委屈。这让孩子产生了严重的压迫感。

孩子抑郁了，爸爸要求孩子的妈妈（前妻）参与孩子的养育，妈妈欣然接受了爸爸提出的要求。女儿生活在妈妈那里，症状有所减轻。女儿放学，爸爸去接，送到孩子妈妈的住处。可爸爸依然不放心，一个晚上至少打三个电话，但孩子不想接电话，没有与爸爸沟通的愿望。爸爸却因此责怪妈妈，觉得是妈妈在孩子前面说了自己的坏话。爸爸内心忐忑不安，产生了严重的不安全感。

这些活生生的案例让我想起电影《抓娃娃》的情节：富豪老马为了更好地培养小儿子马继业，聘请一批人，通过精心的规划和引导，隐藏其真实财富，开启反向养娃之路，打造中国版"楚门的世界"。

老马用心良苦，精心规划并安排好马继业的每一步发展路径。他的初心是好的，想要好好引导孩子成为更优秀的人。但本质是对孩子的过度依赖和掌控。在这个环境里，马继业的兴趣爱好，甚至是未来的职业规划，都是按照家长理想中的蓝图设计和安排的。比如孩子想玩平板电脑，就偷偷用家里仅存的钱去买，并打算玩7天再退货。而爸爸为了让孩子得到教训，故意把平板电脑浸入水中，导致无法退货。之后，他又假装宽恕了孩子的过错。孩子心生愧疚，用捡瓶子的方式来弥补，为此受到同学的欺负，自尊心被狠狠打压。

孩子知道事情的真相后，纠结、痛苦。细想一下：被人设计体验各种逆境，自尊心被践踏，这种被操控的人生，真的是孩子想要的吗？

第二次高考中，马继业遵从内心，选择了自己喜欢的大学和专业，而不是爸爸妈妈期待中的学校。后来，马继业在跑步时还会不由自主地去捡地上的瓶子，这也说明了曾经的一切给他带来的心理创伤依然挥之不去。

虽然，生活中有些逆境会使人成长，但也有不少生命还没成长起来就因承受不住逆境带来的压力，早早离开了。比如那些因抑郁而自杀的孩子。毕竟，处于成长期的孩子，如果总处于逆境中，大部分人是体验不到生命的快乐的，反而苦难感很强，容易与他人产生隔阂。

因此，家长不要忽略孩子自身的兴趣爱好以及个性的发展，要让孩子遵从内心的选择。很多时候孩子渴望的并不多，只想自己的想法能被聆听，能维护自己的尊严，自己的意愿也被包含在父母的决定中。

但在现实生活中，很多家长以"我们这么辛苦、这么拼命还不都是为了你"的理由来掌控孩子，让孩子陷入自我矛盾的冲突中：到底是听爸爸妈妈的，还是跟随自己的内心？

过度依赖、共生绞杀。孩子要么与你分道扬镳，要么极度压抑，攻击自己，抑郁焦虑，自残自杀……

分离是生命中永恒的主题，分离和爱同等重要，它们是生命中最重要的两个主题，相互作用，一个让一个人成长，另一个让一个人成为他自己。爸爸妈妈过度的爱会遭到孩子的嫌弃，尤其是孩子长大以后。懂得分离的爱才是真爱，这样才能促进孩子的人格成长，并最终让他成为一个有独立人格的人。

最好的成长是自我成长，最好的掌控是自我掌控。为人父母最重要的是指引孩子独立思考和决断，让孩子学会为自己做主。就像鸡蛋，从外打破是食物，从内打破是生命，真正的教育是点燃孩子内在的火焰，激发孩子的内驱力，让孩子敢于去做、去经历、去受伤、去站起……去感受成长的苦恼以及收获成长的快乐。

因此，家长一定要守住与孩子相处的边界。毕竟，明明是自己的生活，却一次次因为边界被打破而无法掌控，这很可怕！只有一个人拥有较为清晰的个人边界意识时，才会对自己有完整的认知，让自己的内心不断强大，才会保护自己的权利，这也是对他人权利的尊重。因为自己有边界，别人才不会越界；自己懂边界，才会更尊重别人。

所谓父母子女一场，只不过意味着今生今世不断地目送他的背影渐行渐远。你站在小路的这一端，看着他渐渐消失在小路转弯的地方，而且他用背影告诉你：不必追。

金庸的《书剑恩仇录》中有这样一句话："慧极必伤，情深不寿。"任何关系情感的过分投入都不长久，亲子关系、情人关系、夫妻关系都不例外。施耐庵也说过：母弱出商贾，父强出侍郎；族旺留原籍，家贫走他乡。相濡以沫不如相忘于江湖。孩子最大的动力来自亲子关系的滋养，所以父母的第一个任务是和孩子亲密无间，呵护孩子健康成长；第二个任务是和孩子分离，促使孩子独立。若把顺序做反了，就是在做一件反自然的事，既让孩子的童年贫瘠，又让孩子的成年生活窒息。综上，父母要在孩子年幼时和他们建立密切的亲子关系，又要在孩子长大后得体地退出孩子的生活，照顾和分离都是父母在孩子的成长历程中必须完成的任务。

孩子有孩子的生活，家长不要以爱之名束缚孩子。

多次转学，我放弃了自己的决策权

完成了当天的讲座，回到家里已经是晚上十点多了，突然收到一条微信：

您好，林老师，我们听了您的讲座很有感触。我家孩子上初二，男孩，这学期的课上得断断续续，现在已经两周没去学校了。上周，他爸爸想让他上学，没收了他的手机。结果，孩子把房门锁了，拒绝沟通，各种闹腾，甚至炸花了整个厨房，他自己的脸也烫伤了。我们痛苦不已，不得不把手机还给他，孩子这才有笑脸愿意沟通。

孩子0~10岁的养育过程比较波折，跟奶奶生活过，也跟姥姥生活过。换过四所幼儿园，小学也转过三次学。问题的苗头出现在小学三年级，五年级转学回温州时情况就严重起来了，初二彻底爆发！学习成绩从七八十分到更低，现在十多分甚至四分的卷子都有。

孩子自己也痛苦，跟我说过不喜欢人际交往，太累，喜欢自己一个人躲在角落里。我们听到很难受，但是我们的语言是苍白的甚至是匮乏的，不知道怎么帮助他、怎么跟他沟通。

孩子上小学时，因为我们在北京工作，所以跟着我们在北京。后来公司搬迁，再加上孩子的奶奶那时候患焦虑症不适合带孩子，导致孩子多次转学。

找您咨询是想让孩子通过跟您对话得到启发，走出现在的困境。我们的力量有限，想通过第三方介入找个突破口。

所以，林老师，您能否抽个时间，约个地点，让孩子过去跟您做个咨询？

男孩，13岁，已经不去学校了，他就这么活在自己的世界里，身边没有什么朋友。孩子0~6岁时没有生活在父母身边，没有和父母建立起任何依恋关系。幼儿园、小学、初中频繁转学，却都不是出于自己的意愿，而是遵从了大人的决定。

男孩文笔非常好，思想深邃。他在日记中这样写道：

……

空气夹着汗臭，堵死了鼻腔，将我的心打上封条。在闷热的室内，总想着出逃，只要出了门，就有最好的路可走。所有人都热得膨胀，膨胀到的高度让我望尘莫及。清幽的灯火不再与我同行，越是相信，越是先行离去。

我踏上的是一条不归路，路的尽头没有灯光闪耀。我开始不再相信我的光芒，光芒照亮不了我。好像过于耀眼，束束犹如刀剑，谴责着我，将我的心脏刺穿，点点鲜血滴落在地面。好像我所做的每一个选择都不明智，好像我走过的每一条路都是一整个错误。有的人随便一走就踏上了最优的道路，有的人一生都徘徊在道路的起点。不怕一万，就怕万一。万中之一怎么可能落在我头上？大风中，我是被吹脱的柳条，分散地脱离了主干。

我想要逃离，就只有切断我的根，可以去更远的地方，却要同时忍受着风的洗礼、凌辱与践踏。我又失去了向前的勇气，但我仍想在前人之后走完这段路，至少是一种心理安慰。

当自由真正到来之时，我好像并不是很快乐，我为自己不足称道的未来添了一层我自己也看不惯的滤镜。

好像门外的世界并没有想象的那样美好，生活一直在重复一日三餐，日落月缺，我一次也逃不掉，眼睛一睁一闭，什么也不做，时间也会流失殆尽。

故事的尽头不是温暖的床、甜蜜的梦，而是一天一天重复着的日出日落。我不会为每天太阳的升起落下而感到兴奋或者悲哀，生活照样能过，好像什么都没发生变化，我始终还是我，不论我做出任何形式的改变，走在前方的人总不会缺席。

我活成了妈妈想要的样子，我把自己交给了我的妈妈，听她的，混吃等死。

……

其实，在我心里，感觉孩子不读书没有关系，但我担心的是孩子社会化功能退化，有一些孩子会像日本的某些人那样从拒学到蛰居、啃老、孤独死！

和孩子沟通时，他跟我说：

爸爸是开矿的，妈妈一直在湖南照顾爸爸。出生三个月后，妈妈就把我放在了老家，让奶奶带。其间，妈妈偶尔回家，第一次妈妈回家时，我已经三岁了，不认得她，不让她抱。也是那一年，奶奶身体不好，妈妈把我送到幼儿园，一群小屁孩彼此互不认识，哭声一片，惨不忍睹。幼儿园老师通过吼叫和打屁股的方式对我进行控制，生活老师总是很严厉地批评我。那两年，我生命中除了害怕还是害怕，小小年纪就体验到了生活的无奈和无助。

我和奶奶说不想上幼儿园了，可是奶奶说等妈妈过年回家时再商量。我说，上小学不想住校。

可是上小学时，妈妈联系了某市一位知名老师，让我在她家里吃住，老师接送我上下学。

在新家里，我特别怕，小心翼翼，不敢有任何要求。我讨好老师、讨好老师的老公，特别是老师家里还有一个与我年龄相仿的孩子，他总欺负我，这些都是老师看不到的。

我住在老师家里时，小小的我自己一个房间，怕黑、怕窗外流浪狗的狂叫……9岁的我开始失眠。

有一次，老师和老公带着自己的孩子回娘家，晚上九点都没有回来，我好害怕，没饭吃，冷，一个人躲在厕所边的路灯旁苦苦等待。当时，我感觉叫天天不应，叫地地不灵。

好不容易，熬了两年，三年级时，妈妈回老家，说要陪我读书。和妈妈生活在一起，在公立学校读书，那是我人生中最幸福的时光，我希望这样的日子长长久久。可是到了四年级时，妈妈又说要去爸爸工作的地方和他一起生活。

于是，妈妈又把我送到一所私立学校。有人的地方就有江湖，有人保护我也就有人敲诈我。有一次，有个高年级的学生要收我的保护费，我奋力反抗，短兵相接，头破血流。后来，老师居然说是我先动的手，要处理我，把我关了禁闭。熬过半天，我狼狈逃离，下楼梯，越铁门，出校门，回到家里，我到现在还为自己那天的勇敢所感动。

从那以后我再也不去学校了。

可现在爸爸妈妈千方百计要我去住宿制的私立学校读书，还让我住校。今天到您这儿来的目的也是让我去学校读书。老师，如果您跟我谈话的目的也是让我去学校，那您什么也不要讲了。求求您，我宁可死也不去学校折磨自己了。

多次被动转学的例子实在太多，大变革时代的中国人迁徙是常态。记得有一家人到我的工作室咨询，女孩子已经高一了，家长说她连自己的早餐吃什么都无法决定。女孩家是做皮鞋卖皮革的，幼时跟奶奶在山东读了四所幼儿园。小学时跟父母在江西，辗转各地，其间转了三所小学。初中上的是省内的一所知名私立学校，高中回到了他们老家。说是当地人，但孩子也不会说闽南话，融不到同学中去。她说自己从洗手间出来，走到教室，几个本来围在一起叽叽喳喳的女同学看到她过来就不说话了。她觉得她们肯定在说自己坏话。她在教室里待不下去了，在学校也待不下去了……

美国《精神病学》杂志：童年时期的搬家经历与成年后抑郁症风险存在显著关联。数据显示，经历过多次搬家的成年人，在抑郁症的发生率上明显高于那些在固定地点长大的同龄人。频繁搬家可能会破坏孩子的社交网络，使他们熟悉的人际关系突然中断。这种中断对孩子来说是非常可怕的，因为这意味着他们需要适应新环境。研究发现，10~15岁搬家超过一次的青少年，成年后患抑郁症的风险比没有搬过家的同龄人高出

61%。美国儿童与青少年精神病学会（AACAP）指出，外部环境的不稳定性越大，家庭环境的稳定性就显得越重要。普利茅斯大学（University of Plymouth）的克莱夫·萨贝尔教授指出，童年时期频繁搬家的成年人，相较于那些在一个地方长大的同龄人，更容易受抑郁症的困扰。芝加哥大学的心理学教授大石重弘博士对7018名美国成年人进行了一项长达10年的跟踪调查。结果显示，童年时期的频繁搬家对内向儿童的影响尤为明显，他们的幸福感和生活满意度相对较低，而且面临更高的死亡风险。

孟母三迁的故事旨在强调环境对孩子成长的重要性，但在现代教育环境下，频繁更换学习环境可能对孩子的心理健康和社交能力产生负面影响。家长在考虑为孩子提供更好的教育环境时，应考虑到孩子的适应性和心理承受能力，避免过度频繁地更换学习环境。唐代诗人戎昱有一首诗是这样写的：

移家别湖上亭

好是春风湖上亭，

柳条藤蔓系离情。

黄莺久住浑相识，

欲别频啼四五声。

柳条、藤蔓和黄莺，生动地表达了诗人对故居的依恋和不舍。主动搬家的诗人还有那么多的牵挂，被动转学的孩子面对依恋的过去以及不确定的未来，心里肯定更是五味杂陈。

∨∨

病态共生，我成了别人眼中的"妈宝"

"你走吧，永远都不要回来，我妈只有一个，老婆走了可以再找。我无非是叫我妈妈过来和我一起住，照顾我们的生活，怎么了？"

"妈妈在我的生命中付出太多了，我孝顺她怎么了，让她高兴又如何？"

……

他讲起自己的故事，委屈满满：

从我记事起，我的妈妈爸爸就离异了。

妈妈为了养育我，牺牲了一切，完全没有自己的生活。妈妈经常和我说，她做的一切都是为了我，她的生命中只有我。她把所有的心思都放在了我的身上。

妈妈之前在单位工作能力很强，是业务骨干，完全有机会提干，但得去离家相对远一些的地方工作。为了接送我上下学，她拒绝了。因为没得到晋升的机会，她也很委屈，我从她的眼神中读到了不甘。后来，妈妈偶尔也会跟我提起，被提干的是妈妈的朋友，水平不行、长相不行，只会讨好领导等。

妈妈年轻时很漂亮，离异后，有人给她介绍男朋友，也有男士追求她，可是妈妈为了我都拒绝了，因为担心我的日子会不好过，受委屈。

妈妈的难，我都看在眼里。她对我说：只要你以后孝顺我就可以了。

记得读初中时，因为没交作业，老师通知了妈妈，妈妈从老师办公室走出来，在走廊上遇到我，一巴掌打在我脸上，说自己为了我这么努力、委屈，而我还不好好学习，让她丢脸了。

我一声不吭地跟在她后面，委屈得掉下了眼泪，真想钻到地底下。旁边有很多同学看着我，当时我真想钻进地缝里去，太丢人了，但后来想想，妈妈是为了我的学业，为了我的成绩，妈妈是为了我好。

记得读初中三年级的时候，我喜欢上班里的一位女同学，她亭亭玉立、长发飘飘……她不知不觉中走进了我的生活。我眼里心里都是她。我把自己对她的思念和好感都写在日记里，以纾解压抑到窒息的情绪。

突然有一天，妈妈来到学校，找到我心爱的、从未表白过的女孩，就在教室的走廊警告她，不要勾引我，并说我是要考985学校的。那个女孩子感觉莫名其妙。

因为这个事，我感觉伤了妈妈的心，再也不敢喜欢什么人了，哪怕一闪而过的念头也不行。我更听妈妈的话了，乃至成年后结婚的对象也是妈妈帮我选定的。

我拒绝了和同学的交往，放弃了打篮球的爱好，全身心地沉浸在书本中。

我的成绩与我花在学习上的时间是成正比的！中考，我获得了较好的成绩，进入了最好的高中。

　　高中文理分班时，虽然我想选文科，但妈妈从前途命运、收入、就业等角度考虑，坚持让我选理科。于是我又听从了妈妈的意见。高中期间，妈妈依然无微不至地照顾我的生活起居。她说，我长大后要知恩图报，孝顺她。

　　我唯一能掌控的是我的高考分数。于是，我拼了命地认真读书。高考结束后，感觉自己丢了半条命。

　　大学毕业后，我在大城市工作了一段日子，感觉还行。但一想到妈妈在老家，一个人很孤单，我就心神不宁，不能安心工作。一天至少要打八个电话，从穿衣打扮到工作细节，都要向妈妈汇报。如果有一天没打几个电话，心里就空荡荡的。为了让妈妈开心，我从来都是报喜不报忧。

　　疫情期间，妈妈一个人在老家。有一次，她发烧了，身边连个端水的人也没有，熬了五天，烧才终于退了。

　　事后想想都害怕，我怎么可以让妈妈过这样的日子呢？

　　思前想后，我决定辞职，回到老家与妈妈生活在一起。我现在在一个朋友的小企业里帮忙，虽然日子不富裕，但有妈妈在，我就心安。

　　自从我回到老家，妈妈心情好了，笑容也多了，我也就感觉心里舒服多了，有妈妈在的地方就有幸福。

　　前年我结婚了，妻子是妈妈帮我找的，其实只要妈妈感觉好就好。妈妈眼光独到，不会错的。

　　我的妻子贤惠、温和，对我很好。生活了一段时间后，我感觉她对我妈妈不是很好。只要我问妈妈买什么衣服、坐哪个班次的动车、晚餐吃什么，或者逛街时，我扶着妈妈的手臂，喝同一杯奶茶，妻子就会很不开心。我想不通妻子为什么生气。

我觉得妈妈给我一天打七八个电话是正常的呀！妈妈五十多岁了，年纪大了，她依恋我是正常的呀！看到妈妈不开心，我心都碎了。一个生我养我、把自己的一切都给了我的人，我真的不想让她不高兴。我可以没有妻子，但我不能没有妈妈。我与妻子闹得很僵，冷战一个多月了。妻子如果不改变，我们可能走不下去了，还好，现在没有孩子。

……

有人说比渣男更可怕的是妈宝男。妈宝男是网络里流传甚广的词语，字面意思是"妈妈的宝贝"，指在妈妈的过度溺爱与庇护下长大的男人，成年了依旧难以摆脱对妈妈的依赖，对妈妈言听计从，也指那些被妈妈宠坏了的孩子。

这类男人在成长过程中，因为母亲无微不至地关怀与保护，形成了对权威的过度顺从，缺失独立判断的能力。他们在情感表达、决策制定乃至人际关系处理方面的能力都相对薄弱，进而形成了一种独特的性格模式，即一切以妈妈为主，对妈妈言听计从。

讲到这儿，笔者想起了孟郊的《游子吟》："慈母手中线，游子身上衣。临行密密缝，意恐迟迟归。谁言寸草心，报得三春晖。"作为母亲，谁不想子女孝顺？当然，我相信任何一位母亲都不想自己的孩子过得像孟郊一样苦。

唐代诗人孟郊非常孝顺母亲，在科考这条路上，他走得跌跌撞撞，在母亲的鼓励下，46岁才考中进士。

登科后

昔日龌龊不足夸，今朝放荡思无涯。

春风得意马蹄疾，一日看尽长安花。

据说孟郊考中进士后，为了照顾母亲直接回到老家，因此没有参加吏部铨叙考试，也就意味着他没能被安排工作。暂停键一摁就是四年，直到50岁，在母亲的一再要求下孟郊才到长安继续考试，朝廷给他的职务是江苏溧阳县尉。

在任溧阳县尉期间，孟郊经常到溧阳城外一个叫投金濑的地方闲坐，徘徊赋诗，荒废漕务。最后，县令只得另外请人代替他工作，把他的一半薪水分给请来的那个人。因此，孟郊虽有官职，却穷困至极。

礼部郎中李翱在给徐泗节度使张建封的信里说："郊穷饿不能养其亲，周天下无所遇。"这两句话，可以说是对孟郊一生生活的最好概括。

于是，干了四年县尉后，孟郊便辞职了。他说："东野（孟郊）既以母命而尉，宜以母命而归。"意思是说，孟郊是听母亲的话做了县尉，又是听了母亲的话辞去县尉的职务的。去世时，孟郊连棺材钱也没有，是在朋友韩愈和张籍的帮助下才得以安葬。

从培养孩子的性格独立上来说，孟郊母亲的做法是有欠缺的，她总是站在自己的角度来考虑孩子的事业。而孟郊则为了满足母亲的期待去从事自己并不喜欢的工作，这在一定程度上导致孟郊一生郁郁寡欢，始终没有在官场上取得什么成就，以致穷困潦倒。

一个人自己能掌控自己，能为自己的生命负责任，哪怕他选错了，生命也会因为自我的选择而丰富多彩。孩子只有能为自己的事做决定，才能建立起自己的价值感。

爱的重要特征之一，在于爱者与被爱者都不是对方的附属品。付出真爱的人，应该永远把爱的对象视为独立的个体，永远尊重对方的独立和成长。

一些父母因为担心失去掌控孩子的能力、担心孩子会变坏，导致自己精神紧张。他们通过发怒释放自己的不良情绪，通过对孩子大喊大叫确立自己的"统治"地位。于是，这类父母自我感觉良好，很爽！

孩子年幼时亲密无间，长大后得体退出，是母亲必须考虑的事。因为有作为的人必定是独立的人，是有主见、有想法的人。

多年前，我写过一篇关于爱情、创业的文章，发表在《温州日报》上。文章的背后是自主、与父母分离、为自己的行动负责任。

小时候，每逢春夏之交，老爸就会在庭院里种上三株南瓜苗，施肥、浇水、除草等养护任务则是由我来完成。在以后的一段时间里，南瓜苗是我心中的唯一，上学前辞别，放学回家报到，那种难舍难离就像对待初恋的情人一般。

在我的精心养护下，南瓜苗一天天长大，藤蔓叶子把整个院子裹得严严实实。奇怪的是它们只开花不结果，即便冒出拇指大的小果子，也总是在枝叶间待三两日就颜色发黄掉落到地上。

而三婶家的南瓜，叶子发黄，藤蔓不旺，可地上却是果实累累。两下对照，我的心里别提有多伤感。

我把这事告诉了老爸，他说在南瓜的根部切一个小口，放入几颗稻谷，也许就会结出果子。于是，我照做。几天时间，南瓜受到了极大的创伤，叶子不再葱茏，长势不再茁壮，心疼得我茶饭不思。

说也奇怪，一身伤疤的南瓜居然真的长出果子来，之后更是瓜果满园。

事情过去好多年了，之所以突然想起，是因为今天有位朋友从远方给我打来电话。我想起那年，他对公司里那个眼睛水灵灵的女孩子产生了好感，初恋的感觉让他幸福无比。一段时间后，他隐隐感到不安，因为来自贫困农村的他，在市区买房子是不太可能的。交往一年后，心爱的女友终于说：你养不活我，再见吧……爱得越真，伤得越深。他感到无颜面对公司里的同事和她，背起行囊离开故土，独自北上。在北方一座寒冷的小城里，他试着开厂、办公司。

他说夜深人静时，还是会情不自禁想起过去，虽说伤痕还在，但没有仇恨。那件事对他而言，有遗憾，更有感激。正是刻骨铭心的情伤使他离开了平淡的打工生活，让他的潜力得以发挥。

三十多岁那年，一位老友拉他去东北一个荒无人烟的地方承包一处金矿。

两年后，他掘得了第一桶金，成就了今日几千万的身家。

南瓜藤上扎窟窿，伤了植物的根；失败的爱情伤了年轻的心。孰料，累累的硕果，竟源于外界的创伤。

伤痕是上帝亲吻你时留下的痕迹。

爱情、事业、创业、发展从来都是孩子自己的事。父母替孩子安排的路，往往是坑坑洼洼，孩子更是步履维艰。孩子过好自己的日子，就是最大的孝顺。父母过好自己的日子则是对孩子最好的爱。

所以，妈妈不要把掌控孩子进行到底，要懂得适时放手，让孩子在自己的人生中经历受伤、成长，让孩子把分散的力量重新凝聚到自己身上，独立自主面对自己的生活。

用燃烧自己的方式爱孩子，本质上就是索取

如果你用燃烧自己的方式来爱孩子，说明你的内在是匮乏的，是空的，是没有力量的。所有的牺牲都是枷锁，当一个人付出的东西超过他的能力时，就需要情绪来代偿。凡是需要牺牲的关系，都是渴望没有边界的融合，其本质就是索取。

❯❯

给你我的全部，你是我今生唯一的赌注

在一所小学，讲座结束后，学校党支部书记留下我与家长进行现场沟通。之前书记告诉我，有位家长告诉他，孩子每天要妈妈洗手N次。孩子的这个要求对妈妈产生了严重的困扰，妈妈为此很痛苦，家庭幸福感大打折扣。

在学校的心理咨询室里，孩子的爸爸妈妈在等我。女孩子上六年级，家里还有一个读大学的姐姐。妈妈说每天放学接孩子回家，见面的第一件事就是要妈妈洗手，如果妈妈不洗，孩子就歇斯底里。洗后，手要擦得干干净净。

半年了，妈妈很困扰。

坐在旁边的爸爸补充说：孩子这么做就是为了控制妈妈。

其实只要妈妈离开，爸爸一个人带她，孩子从来没有要求过爸爸洗手。

爸爸说孩子与妈妈时常吵架。只要母女二人都在家就有吵不完的架，任何一件小事都可能引发冲突。家里鸡飞狗跳，一片狼藉。为此，妈妈一直困扰于如何与孩子相处。

爸爸在外地工作，看到母女俩这样，连家都不想回了。

妈妈对爸爸的评说不置可否，笑容苦涩。

妈妈说自己如果一天不看到孩子，心里就不踏实，空荡荡的，担心孩子会出事，担心孩子在学校被同学欺负，担心孩子在路上被车子剐伤，担心孩子中午没吃饭，担心孩子没完成作业被老师批评……每天早餐时都把鸡蛋壳剥了给孩子吃，孩子吃的羊肉要从内蒙古寄过来，大米是黑龙江五常的，衣服都是品牌的，很早就给孩子买了苹果手机。总之，孩子的东西都必须是最好的……

无论孩子需要什么，妈妈都无条件满足。

妈妈担心孩子冷，总是要孩子多穿几件衣服，内衣、秋衣、羊毛衣、外套……总要比别的小朋友多穿几件。孩子有时热得汗流浃背，妈妈也不让孩子脱衣服。

孩子现在六年级了，随着青春期的到来，孩子感觉到压抑了，要与妈妈对着干，爱妈妈又恨妈妈，依赖妈妈又排斥妈妈。

另外一位妈妈，在我结束了在某重点高中的讲课后，在讲台旁和我聊起了她的孩子。这是一名高一男生的妈妈，一个生意人和我说了她和孩子的故事。

妈妈在生活上和生意上都很独立，爸爸参与的家庭事务很少。妈妈说自己对儿子特别好，到现在还与儿子睡在同一张床上，孩子的爸爸则睡在另一个房间。但孩子现在问题比较多，已经不想读书了，每天干什么事儿都磨磨蹭蹭，要么不睡觉，要么躺床上不起床，日夜颠倒。最近已经请假十多天了，原来那么上进的孩子不知怎的就突然不读书了。

妈妈告诉我，孩子曾经对她说，自己已经按照她的要求考上了重点高中，不欠妈妈什么了，妈妈从来没有考虑过自己。爸爸妈妈总想孩子做得更好，其实这只是为了他们自己。

以下是一位初中心理老师给我的微信：

林老师，我们学校这学期有两个成绩特别优秀的孩子休学。一个八年级下，期中考试排名年级第五。这个男孩子一直觉得自己心理有问题，期中考试后突然萌生不想读书的想法，咨询后去医院就诊，确诊抑郁症，医生建议用药，这个学生就很依赖药物，不愿意停药，这学期开学就没来上学了。

还有一个女孩子，八年级下，期中考试排名年级第九，也非常优秀，突然就不参加期末考试了，和班主任说压力太大，无法参加考试，直到这个学期也没再来学校。真的非常可惜！

我们专门为此做了调查：男孩子的父母来自农村，体制内工作人员，相信读书会改变命运。小学时孩子的成绩特别好，一直是年级第一名。家人对孩子期望很高，总在孩子面前说只要他努力就会出人头地，大有作为，超过爸爸妈妈，成为人中龙凤。于是妈妈时时关注孩子的学习成绩，只要少考一分，就无比焦虑。

初二上学期，孩子数学考了94分，名次退了2名，妈妈唉声叹气，甚至出现了睡眠障碍，像病了一样。孩子的成绩是父母的面子。从那以后，孩子只要感觉分数不理想，就歇斯底里，回避考试。妈妈更加着急，更加否定孩子，看不到孩子已做的一切。

这让我想起另一个女生：

女生读普通高中，妈妈告诉我，孩子在高一的时候就不想读书，所有同学对她都不好，她甚至自己在教室里都待不下去。

孩子生长在偏僻的农村，从小跟着爷爷奶奶生活，爷爷奶奶比较宠她，爸爸长期在福建打工，妈妈在厂里做缝纫工，家庭谈不上富裕，但是比较温馨。

孩子从小乖巧、懂事、听话、内敛，很在乎别人的评价。现在躲在家里不去读书，整天围着电视、游戏、手机转。有时三更半夜叫妈妈烧东西给她吃，妈妈如果拒绝，她就会很生气。她控制妈妈，拿捏妈妈，稍有不顺心，就拿妈妈出气，妈妈甚至成了孩子的出气筒。

时间长了，妈妈情绪越来越不好，面容憔悴，再加上长期劳作，呈现出营养不良、面黄肌瘦的状态。

女孩子穿着淡红色的上衣，长发披肩，身材中等，眼睛炯炯有神，脸上挂着淡淡的微笑，语言表达逻辑清晰，语气柔和，学生气十足。她说自己很在乎别人对她的看法。每次回到教室，她总感觉同学们都停下对话看着她，她觉得同学们可能在议论自己。她说自己也很在乎同学对她的评价，初中时，一个寝室六个人，她感觉除了自己其余五个人都骂她，说她没有优点，长得不好看，成绩太普通了。女孩没有好朋友，不会表达，不太会和别人沟通，对人情世故更是一窍不通。

所以，女孩觉得自己一无是处，打算休息一年后再认真读书。

情况类似的孩子很多是在高中阶段辍学的，他们非常在乎别人对自己的评价，于是选择通过拿捏妈妈找寻自身的价值感、归属感和安全感。而妈妈出于对孩子的各种担心，处处迁就孩子。

就这样，共生绞杀、病态依赖的家庭模式，既困住了孩子也困住了妈妈和整个家庭。

真正影响孩子前途的，是学习对他们产生的影响。成绩不好，其实不足以决定他们未来的命运。但是，如果成绩不好给他们带来太多负面的感受，导致他们厌倦甚至痛恨学习的话，那么对他们未来的影响则是巨大的。其实最重要的不是考试成绩，而是学习感受。

很多父母认为，只有成绩遥遥领先的孩子才能拥有美好的未来，于是开始各种"鸡娃"。其实，越逼，孩子的感受越差，越不想学，恶性循环就此开始，甚至最终导致亲子关系破裂，孩子自信心被摧毁，彻底丧失安全感。真到了这一步，再想挽回就难上加难了。

相比学习成绩，孩子们更在乎的是家长的接纳和认可。所以，现在提倡小学阶段不要过分强调分数，不是号召大家不管孩子学习，而是避免因为过度关注成绩给孩子带来负面影响。

讲到这里，我想到一首歌：

给你我的全部，

你是我今生唯一的赌注。

只留下一段岁月，

让我无怨无悔全心地付出。

怕你忧伤怕你哭，

怕你孤单怕你糊涂，

红尘千山万里路，

我可以朝朝暮暮……

这是一首写爱情的歌，但何尝不是当今父母对孩子爱的映射。

食盐效应

一头驴，每天按部就班吃着主人拿给它的青草，时间长了就不那么喜欢吃了。一次，主人无意中在它的草料里加了一把盐，草料立刻变得有滋有味。驴问主人草料里加了什么，主人说是盐。

于是驴宣布：从此以后，不吃草料了，每天只吃盐。

结果可想而知，第二天，这头驴就皱着眉头找草吃了。

"食盐效应"是指好东西也要适度、适时，需要的才是最好的。

亲子关系中，适度的赞美和肯定可以使关系更加融洽，就像适量的盐能提升食物的味道一样。反之，过度的赞美和肯定如同过量的食盐一样让人难以下咽，会导致亲子关系变得不自然，甚至僵化。

只要你好好学习，我砸锅卖铁都可以

妈妈是一名化妆师，在婚纱店上班，收入可观，有了孩子后为了照顾家庭，就把工作辞了，全职在家带孩子。

妈妈因自己只有小学文化程度而深感自卑，内心怀揣着让孩子获得高学历的美好憧憬，将全部希望寄托在孩子的学业上。

她坚信优质的教育应当伴随高昂的学费，这也成了她对教育投入的标准。她希望各种培训班为孩子铺就一条通往"成功"的捷径，这也意味着家庭将承受巨大的经济压力。

儿子陈广2岁左右就开始去早教中心。到了上幼儿园的年纪，妈妈还咬咬牙把他送到离家很远且收费很贵的寄宿制幼儿园，一星期回来一次。在妈妈看来那里的教育好，但是只有陈广明白，那是一种被家长抛弃的感觉。尤其是每天放学时，好多小朋友有家长来接，只有他和几个寄宿的小朋友孤零零地坐在那里，那种感觉是多么的煎熬和难受。

老师有时很凶，他很怕老师，每天晚上准时上床睡觉，但总是睡不好，怕这怕那的。陈广觉得自己到现在睡眠也不好，就是在那个时候造成的。在寄宿制学校待了一年后，可能是那里学费比家附近的贵太多了，再加上爷爷奶奶也舍不得，要来照顾他和妹妹。于是，他转到了家附近的幼儿园，每天可以回家，由爷爷或奶奶接送。

等妹妹也上幼儿园后，妈妈又开始去婚纱店上班了。那时候的妈妈打扮时尚，在外人眼里是个很乐观的人。有时店里没有生意，妈妈也会带他们兄妹去各个游乐场玩，吃好多好吃的东西，还一起去商场买好多衣物，以及孩子喜欢的各种玩具。

陈广觉得那个时候的自己是开心快乐的。

可是，在家里，陈广有时会听到爸爸和妈妈为钱吵架。爸爸说：少出去闲逛，不要乱花钱！妈妈不服气：我花自己赚的钱，怎么了？不行吗？还不是给孩子花的。我砸锅卖铁也要给孩子最好的。

爸爸无语了。

爸爸与人合作开过装修公司，刚开始生意很不错，赚了很多钱。他们也从农村搬到了镇上。但后来生意不好，又被骗了很多钱，公司开不下去了，只好关门。爸爸妈妈也因此大吵大闹。

之后，爸爸宅在家里消沉了很长一段时间，靠着以前赚的钱撑起家里的各种开支，所以爸爸有时在妈妈面前没有底气。

陈广到了读小学的年纪，妈妈坚定地认为私立学校的教学质量要优于公立学校，能够为孩子提供更优质的教育资源。然而，爸爸对此持有不同的看法，他担心高昂的学费会给家庭带来沉重的经济负担。尽管如此，妈妈依然坚持己见，不断强调周围朋友的孩子在私立学校取得了优异成绩。面对妈妈的坚持，爸爸最终妥协，同意了这一决定。

两年后，随着妹妹年龄的增长，妈妈同样决定将她送入私立学校就读。

此时，陈广和妹妹在学校里的各种费用，以及校外的各种奥数、英语、作文、钢琴、画画等培训的费用，还有家里的房贷等各种开支，可以用"大出血"来形容。在那个微妙的时刻，爸爸妈妈都深切地感受到了经济上的压力。

同时，妈妈也对工作逐渐失去了热情。她发现，自己在店里与其他年轻的、尚未结婚的化妆师相比，显得有些过时。这不仅仅是因为岁月在她身上留下了痕迹，更重要的是，她的精力和活力已经无法与那些年轻女孩们相提并论。另外，代沟的存在让这种差异变得更加明显，沟通也困难起来，免不了会发生争执。

一次，妈妈与同事在工作中产生了巨大的分歧，内心的无奈和挫败感达到了顶峰，一气之下选择了辞职……之后，妈妈又成了家庭主妇。

随着时间的推移，家庭经济状况逐渐变得拮据。爸爸妈妈就商量着一起办培训班，他们觉得虽然自己学历不高不会教书，但是可以当管理者，雇老师过来教。于是，他们向亲戚借了一笔钱，租了房子，雇了五六个人，开始办培训班。前期，他们工作得非常辛苦，但辛辛苦苦办起来的培训班没多久就要接受教育部门的各种检查，这不合格那不行，困难重重。另外，他们和老师也有矛盾，几个老师干脆在另一个地方也开了同样的培训班，把爸爸妈妈气得不行。

培训班办不下去了，还欠了不少的债。可家里的开销没有减少。妈妈也早就没有了以前的意气风发，满是疲惫。爸爸也总是借酒消愁或沉迷网络。

爸爸觉得孩子们的各种费用太高了，能否减少一些培训，比如一节奥数课要几百元，吃不消啊！但妈妈觉得，无论怎么样，都要让孩子接受最好的教育，就算借钱也要撑住。

经历过一段艰难的时期后，爸爸找到了一份房产销售的工作。妈妈的情况相对有些困难，找不到合适的工作，后来就一直待在家里。

妈妈经常跟陈广说，一定要好好学习，不用担心钱的事。陈广也渐渐感觉到了压力，还好成绩一直不错，奥数也学得可以。小学五年级开始，妈妈打算让陈广参加初中私立学校各种提前招的考试，私底下也跟培训班的老师和家长分享相关信息。陈广暗下决心，自己一定要考上私立初中，不能辜负妈妈的期待。

五年级下，妈妈带他去市区的一所私立学校参加提前招考试。考前几天，妈妈专门给他吃好的穿好的，也会有意无意地在他面前说自己为了他和妹妹付出了多少时间和精力，又花了多少钱。因为学校离家有些远，妈妈为了让他安心考试，提前一天带他住在了学校附近的酒店。陈广心理负担更重了，后来没考上妈妈认为的好学校。尽管老师说，这所学校太好了，考的人太多了，考不上也正常。但妈妈还是很失落，陈广也不舒服，见妈妈这样更觉得羞愧，对不住妈妈。

之后的日子里，妈妈有意无意地说：我已经付出这么多了，你一定要努力学习！

在陈广的记忆中，"努力""好好学习"几乎成为妈妈的口头禅，陈广的压力也随之增加。尽管如此，他还是在妈妈的督促下，最终考入了一所半免学费的私立初中。

然而，即便有部分减免，各种费用依旧需要两万元。每个周末回家，陈广还要继续参加各种校外补习班，以求在学业上更加出类拔萃。

在班级里，老师有意将他们培养成以后的竞赛选手。高强度的学习让陈广喘不过气来。然而，在妈妈看来，这一切都是值得的，花多少钱都没关系。她认为陈广能够进入这所学校是一种荣誉，应当珍惜学习的机会，不可有丝毫懈怠。

此时，爸爸妈妈因教育支出又产生了分歧。父亲对高昂的私立学校学费表示担忧，认为公立学校同样能够提供良好的教育环境，而且还能节省一大笔开支，接下来高中就报公立高中。但妈妈坚持认为，只有私立学校的优质资源才能让孩子获得更广阔的发展空间，无论多么艰难，她都愿意倾尽所有，哪怕砸锅卖铁也要为孩子的未来铺路。

这种理念上的冲突，进一步增加了陈广的心理负担，内心充满了矛盾与挣扎，也让整个家庭陷入了一种紧张而复杂的氛围中。面对如此境况，陈广一方面能理解父母的良苦用心，另一方面也渴望能有一个轻松愉快的成长环境，不再被无休止的竞争束缚。

然而，在这场关于教育理念与经济压力的博弈中，陈广还是成为最直接的承受者，被过度的学习压力填满。他感到很疲惫，渐渐不在学习状态。初三成绩有所下降，对学习开始产生恐惧。他希望报考公立高中，可以为家庭减轻一些经济负担。

虽然妈妈也很焦虑，但她仍然不同意，坚持让他好好学习。

妹妹学习成绩一直平平无奇。爸爸妈妈在她的教育上投入了更多的时间和精力，但似乎并没有取得预期的效果。妈妈看到妹妹这种状态，常常会忍不住对她发火。随着时间的推移，妹妹开始叛逆，与妈妈的矛盾逐渐升级。每当妈妈提出建议或要求时，妹妹总是选择相反的做法来表达自己的不满。这种对抗性的行为模式使得母女之间的关系愈发紧张，两人都感到身心俱疲，生活仿佛陷入了僵局。

陈广最后上了一所普通高中，读了一个多月，出现了严重躯体化现象，吃不下，睡不着，做梦都是考不出高分数，都是爸爸妈妈为了学费吵架。最后他不得不休学在家，没有归属感、价值感，日子过得特别累。

以下节选自陈广的日记：

6月11日备忘录

昨晚8:30左右入睡，中途11:55醒了又睡了，3:44醒了睡不着。吃早饭的时候感觉整个人轻飘飘的，很朦胧，后面回房间眯了一会儿，好一点儿了，但还是有朦胧的感觉。

6月12日备忘录

昨晚9:54睡觉，凌晨1:00、4:00醒来，早饭8:00吃，11:00睡着，晚上将近7:00起床吃饭，吃完饭脑袋昏昏沉沉的，稍微动一下脑袋就疼，一个姿势保持一分钟左右就开始麻痹，使不上力气。

6月13日备忘录

昨晚9:00多睡，凌晨分别于1:00、2:00、3:00、4:00、5:00

醒来，睡不着了，起床洗漱时很晕，感觉身体不是自己的，使不上劲，头稍微一晃太阳穴就疼，早饭吃完后睡觉，睡到下午4:00多起床吃饭，吃完还是很晕，在床上休息。经常会感觉到自己的身体在做某件事、某个动作甚至说某句话的时候不是自己想要做的、想要说的，感觉自己是个旁观者，但身体的触觉有时真实，有时模糊，若有若无的感觉，情绪不好控制，会莫名其妙大哭甚至是发呆十几分钟。

6月18日备忘录

昨晚9:40左右就睡了，凌晨12:30醒来睡不着后看书，看不进去就听音乐发呆，总感觉自己一直被人盯着，感觉自己在走流程一样，不由自主地想自己是不是虚假的，还会想我们会不会成为动物口中的食物，头很晕，特别想睡觉。

6月25日备忘录

昨晚9:00多睡觉，中间凌晨2:00醒一次，3:00起床，频繁上厕所，不知为什么总感觉很烦躁，做什么都没劲，很容易困，但就是睡不着。黑眼圈重，一天到晚都没胃口，只能吃几口饭垫垫肚子，在想一件事或做一件事的时候很容易失神呆住，对周围的声音很敏感，中午吃饭的时候听到后面有一种声音，很像吉他那种声音，铁丝拉直去弹它、拉它的声音，但是注意后面的时候又没有了。

父母一厢情愿为了孩子的未来不断付出，我却担心孩子可能没有未来。想到李松蔚的一句话：如果父母不再是孩子的问题，孩子自然会面对自己的问题。

如果父母用燃烧自己的方式来爱孩子，父母的内在肯定是匮乏的，是空的，是没有力量的。所有的牺牲都是枷锁，当一个人付出的东西超过他的能力时，就需要情绪来代偿。但凡需要牺牲的关系，都是渴望没有边界的融合，其本质就是索取。

一个充满爱的家庭环境，家长的耐心引导和情感支持，会对孩子产生潜移默化的影响，这才是孩子健康成长不可或缺的要素。这种精神层面的滋养，远比任何昂贵的教育投资都来得珍贵。

另外，如果家庭经济条件允许，孩子也能够适应，上私立学校以及参加各种课外培训也是一种选择。但是，在经济状况不允许的情况下，家长如果仍勉强为之，不仅会使自身承受更大的经济压力，而且可能给孩子带来过大的心理负担。这种压力不仅会影响孩子的心理健康，还可能导致他们在学习中失去兴趣和动力，产生逆反心理。这样做不仅无法达到预期的教育效果，而且很可能适得其反，对孩子的发展产生负面影响。

对孩子的教育投资做决定时，家长需要综合考虑家庭的经济情况、孩子的个人意愿及适应能力，只有在全盘考虑的基础上才能做出最合适的选择。

❯❯

我唠叨，是不想让你过和我一样的生活

这是一名初三的孩子和父亲的对话：

父亲："我怎么不爱你？你告诉我我怎么不爱你了！"

孩子："你配吗？有多般配？你配吗？我是什么身份？你什么地位？你配吗？啊啊……我读书的！你去读！啊……"

父亲："我不问，你说我不关心你。问了，你又是这个态度。"

孩子："我说过让你关心我了吗？我让你关心我了吗？自始至终我都没有让你关心我！你要搞清楚状况，连怼人都不会怼，干脆别说话了。闭上你的狗嘴回房间去，听得懂人话吗？你要真听不懂人话，我可以讲狗语给你听。你怎么动不动就笑？你这是无可救药。你觉得我不可救药，那就不可救药了，我觉得自己还有救就可以了，凭什么要你来管我？"

从以上对话可以看出，孩子看不起爸爸是渗到骨子里去的。孩子的父亲是一名普通工人，父亲最大的愿望是不让孩子过自己这样的生活，于是对孩子提出了各种要求。读小学时孩子的成绩是可以的，于是只要孩子的学习成绩好，其他事都可以不做。爸爸妈妈在孩子面前卑微得让人心疼，担心孩子，干涉孩子，严重焦虑，在孩子面前小心翼翼又神神道道，结果是孩子与父亲成了敌人。

下面是另一个考上重点高中后躺平的孩子与父母在一起的片段：

妈妈："别不知好歹，我们这些年为了这个家付出了多少！你一点儿感恩的心也没有。"

孩子："你们从来就没有想过我，你们只是为了你们自己。我告诉你，我已经按照你们的要求考上重点高中了，我不欠你们的了。"

孩子把父亲打倒在地，夺门而出，扬长而去。妈妈在嚎叫、爸爸在骂娘，一家人狼狈不堪。

后来老师来做孩子的工作。孩子对老师说：

"你去和他们讲道理呀，和我讲什么？我不需要改造，我已经考上重点高中了，我没有问题。你现在要让我走，你让他们过来，知道吗？老师，我求你了，我求求你，你让我走好不好？我不能待在这里。"

又是一个替父母读书的孩子崩溃在求学的途中。在孩子的歇斯底里中，我分明看到孩子的痛苦、无助、无奈，生不如死的绝望。

妈妈爸爸严重缺乏能量，把家庭的希望寄托在孩子柔嫩的肩膀上，于是唠叨不断，通过各种方式控制孩子，望子成龙。这让孩子产生了读书不是为了自己，而是为了父母的认知。完成父母下达的任务后，彻底放弃自己，成为所谓的空心人。

海灵格说："谁有痛苦谁负责，谁有情绪谁成长。"这让我想到我接待过的一个孩子。

高一的陈敏说，她买一支圆珠笔都会在店里挑选一个小时，比较价格、形状，拿着笔在店里的稿纸上画来画去……挑了好久，想想还是不买了！走出店门就开始后悔，又回去购买。买来后，又觉得没必要，浪费！她还讲了类似的经历，无论做任何事都总是犹豫不决，很矛盾，一直纠结，甚至有时想着想着就哭了。

陈敏觉得自己太笨了，什么事情都做不好，连最简单的东西都买不好，更不用说学习了。她认为自己被妈妈逼着学习，很不舒服。

"现在不拼尽全力读书，将来会后悔的，只有现在努力学习，将来才可以不用像妈妈这么辛苦。"

"如果不学习就出去打工好了。"

"别人都靠不住，只有靠自己。"

……

妈妈类似的话讲得太多了，导致陈敏心很累，也很敏感，总是害怕因为做不好事情而被妈妈责备，久而久之就变得做任何事情都犹豫不决。

她感觉自己学不进去，想出去打工，离家越远越好！但是真的离开家了，又有些舍不得妈妈。妈妈是从广西嫁到这里（浙江）的，快二十年了。家中还有个读小学的妹妹，爸爸在外地工作，一个月回来一两次。

妈妈兄弟姐妹多，家庭条件差，小学毕业就没继续读书了。17岁跟村里人一起到浙江打工，认识了爸爸。爸爸与他人合开公司，妈妈主要在家里带自己和妹妹。爸爸妈妈平时关系不太好，经常吵架。现在爸爸在外地工作，她感觉反而会好一些。

妈妈每天唠唠叨叨，对陈敏提出各种要求，从小给她报各种补习班，逼她、催促她学习。陈敏小学成绩还不错，妈妈很骄傲，常会在亲戚面前夸她。

但如果考试成绩达不到要求，妈妈有时会情绪失控，甚至歇斯底里：

"我都为你付出这么多了，还考成这样？你好意思吗？"

"你知不知道，爸爸赚钱多不容易。你再这样子不学习，以后会苦死你！"

"女孩子不好好读书，将来有什么用？去做苦工好啦！"

"我这么逼你学习，还不是为了你好啊！"

……

妈妈有时说着说着就忍不住哭起来，然后开始讲述自己的成长经历，唠唠叨叨没完没了。这让陈敏觉得不好好读书就对不起妈妈。

初中时，学业有些难起来，陈敏学习也没那么用心了，成绩就没有小学时好。这时妈妈更加频繁地在她面前各种诉苦，以此督促她好好学习。

陈敏看到妈妈那愁眉苦脸的样子很难受，心想：我也不想这样啊！可是有时不知为什么，就是没法全身心投入学习。

中考，陈敏超常发挥，考上了高中，妈妈高兴坏了。到了高中，学习内容更难了，陈敏感觉跟不上学习进度，班级排名下降。妈妈又开始各种诉苦。

陈敏现在害怕考试，想想妈妈以前经常说考不好就去打工，那干脆现在就出去打工好了，最好离家远一些，不用天天见到妈妈，听她说这说那，给自己这么大压力。

但陈敏也跟我表示：其实她并不是真的想去打工，甚至是害怕打工的，说"干脆现在就出去打工"是气话，因为妈妈总说"读不起就去打工"，就想破罐子破摔，故意气妈妈。其实陈敏心里还是希望努力提高学习成绩的。

催得越紧，跑得越慢。当妈妈通过急切的语气和频繁的催促推动陈敏行动时，孩子就会产生压力，这种压力导致她无法集中精力专心学习，甚至会陷入混乱的状态。心理学家温尼科特也说过：对孩子伤害最大的妈妈，是容易着急的妈妈。

言语伤害还会产生3P（心理瘫痪、完美主义和拖拉）人格。家长的担心有时就是对孩子的诅咒，这也是心理学的基本原理：投射。

解铃还须系铃人。

经过陈敏同意后，我尝试和她妈妈联系，妈妈如约而至。

和妈妈说到陈敏不想读书，想去打工，妈妈一点儿也不惊讶："这死丫头，跟我太像了！我小时候也是这样，不好好读书，现在都后悔死了。她怎么就不明白呢？"

妈妈很气愤，表示陈敏平时不愿意和她沟通，说多了，就嫌她烦。在家不愿意好好写作业，就想着玩……我静静地听她宣泄一肚子的火气。讲到伤心处，她流眼泪了。我感觉这母女俩在情感表达方面也挺像的。

研究表明，一个人的身心状态会受到自身大脑和性格的影响，也会受到社会环境和家庭环境的影响。在家庭中，亲子关系影响很大，陈敏就是在和妈妈的互动中成长起来的，妈妈的性格、情绪、状态也对陈敏产生了深深的影响。这让陈敏对妈妈又爱又怕。爱，是因为这是亲妈，妈妈为自己付出了很多。怕，是因为妈妈总是唠叨抱怨，要求她好好学习，弄得自己没有喘息的机会。

妈妈总是忍不住和孩子诉苦，或许是因为妈妈自身的经历也是一个课题，有很多心结需要化解，比如她小时候没有抓住读书的机会，学历不高，工作中总是碰壁，于是想通过诉苦激发孩子努力学习，渴望孩子帮她实现大学梦。妈妈自身的原因导致她无法顾及孩子的情绪或者对孩子的情绪照顾得不到位，于是和孩子产生了矛盾。

其实，陈敏妈妈可以通过理解自己的原生家庭，学会与过去和解，调整从小形成的认知偏差，尽量不让过去的匮乏时不时给现在的生活带来负面影响。

妈妈更要照顾好自己的身心，勇敢面对自己在教育上可能存在的失误。比如和孩子沟通和交流时，要认同孩子的感受，告诉孩子："我看到、感受到了你的不舒服。"因为每个孩子不管自己的感受是对还是错都希望被看见、被感受到，错的话有人引导，对的话有人肯定，这也是很多人内在的需求。

陈敏妈妈不能理解我的用意，对我说："只有老师跟她讲，她才会听。自己怎么说都没有用。"

我表示："妈妈必须下定决心改变自己，孩子才会改变。"

陈敏妈妈离开学校前和我反复强调，一定要和孩子多聊聊，千万别去想什么打工，要好好学习。我也和她强调：以后在孩子面前不要总说"以后读不起就去打工"之类的话了。她笑了，不好意思地点点头。

电视剧《小舍得》中田雨岚是位"虎妈"，她小的时候爸爸就去世了，读高中时，妈妈再嫁，随妈妈入住继父家。

从小生活比较匮乏的田雨岚，自卑、敏感，渴望被人尊重，又怕被他人轻视，还有受害者心理。他人一个眼神、一个动作甚至一句无心的话，都会被她理解成对自己有敌意或看不起她，这导致田雨岚一边讨好别人，一边又羡慕、嫉妒、恨别人。

田雨岚自身的状态在教育孩子上体现得淋漓尽致。儿子是个学霸，一年级开始就参加各种补习班，补习班太多，任务繁重，孩子变得害怕学习、害怕考试，甚至一到考试就发烧。于是，为了防止发烧，田雨岚在重要考试前会给孩子吃药。发展到后来，孩子开始厌学，田雨岚无法理解，甚至指责孩子。面对妈妈的不理解，孩子内心很崩溃，考试时掀桌子，擅自跑出考场，甚至出现幻觉……

孩子有厌学情绪时，父母若还一味地逼孩子学习，追求更高的学习成绩，会使孩子更加焦虑、抑郁、厌学。到了青春期，孩子有了自己的想法和主见，会以自己的方式与家长相处。因此，家长不要总是逼着孩子做这做那，这容易让孩子产生逆反心理，甚至开始和家长对着干。家长要在照顾好自己的前提下，尊重孩子的感受，选择合适的教育方法，给予孩子正确的引导。

❯❯

讨好你、怕你，没想到是你人生走向悲剧的开始

有位小学老师和我说起了自己姐姐家的事：

我姐害怕她儿子，和孩子说话小心翼翼地。从孩子小时候开始，姐姐就开始卑微地讨好她儿子，让孩子干点什么都得哄来哄去，要是说了一句孩子不爱听的话，孩子就立刻威胁道："你想让我死是吧？"现在，我姐甚至不可以进孩子的房间。孩子对我姐的态度更是变本加厉，非常讨厌她。姐姐的婆家人怪我姐没教育好孩子。

另一位妈妈说：

养孩子太难太累了，自己经常在崩溃的边缘徘徊。

儿子从初二开始，变得难以相处，一不高兴就甩脸子，门一摔，把自己关在房间里。不知从何时起，她和丈夫在孩子面前变得小心翼翼，生怕哪句话说错了，惹他生气。"说实话，我现在最害怕的就是自己的孩子。"

"他以前不这样，特别听我们的话。"妈妈回忆起孩子小的时候，一切事情都由大人做主，孩子言听计从，甚至有点唯唯诺诺，在暴脾气的爸爸面前表现得更加谨慎。

提醒家长不要像一些父母那样，在孩子面前察言观色，担心害怕。只要父母对孩子把心尽到了、力尽到了，就可以了，

孩子是成才还是不成才，听天由命。父母抱着这样的心态，豁得出去，孩子就拿捏不住家长；没有这个心态，就算学了再多的心理学知识也没有用。

不就是因为家长心疼孩子、爱孩子吗？难道家长心疼孩子、爱孩子，就允许孩子反过来道德绑架家长吗？如果孩子毫无底线、毫无边界地肆意撒野，家长就别犯贱了！远离孩子的生活一段时间，理都不理孩子，能怎么着呢？不就是一个孩子吗？不就是孩子懒吗？不就是孩子躺平吗？在上学这条路上要死要活，那就不要上学了，该干吗干吗去，该找工作找工作，该上班就上班，若什么都不愿意干，就想宅在家玩游戏，那对不起，家长养不了。

思绪至此，不由想起去年另一位老师和我沟通的事：

林老师，我妹妹这个女儿呢，期中考试之后排名不是太好，她所在的班级是一个好班，压力很大。这次大概年级排名退了几十名吧，她爸妈也没有说她什么，然后忽然间她自己就不想去上学了。之前，孩子曾经多次要求转学，我妹妹没有在意。

我妹妹的这个女儿很不喜欢班主任老师，说看到老师就头疼。有一次与班主任吵架，惊动了整个学校。

"五一"之后，孩子就在家里，一直到现在都没有去上学。我们也跟老师保持沟通，大家一起做她的思想工作，想找出孩子不想上学的原因。后来她干脆就不讲了，无论你跟她怎么交流，只要提到去学校读书这件事，她就拒绝跟你交流。孩子其他方面都好好的，在家里上上网课，正常吃饭，但就是看不起妈妈。妈妈每说一句话，她都顶嘴，每天晚上叫妈妈做点心吃，吃完，把碗打了，要妈妈收拾，还要妈妈道歉，不道歉就哭到天亮，第二天仍旧不去上学。

针对孩子的状况，我们想了很多办法，收效甚微。我想现在的状况得借助心理干预了，看看情况是否能有好转，然后我就想到了您。

孩子不去学校上学，要求转学，我们也试着找人帮孩子实现她的愿望，但目前因为各种问题转不了学，而且中途转学，也很难融入新的集体，甚至会有人以为是我们的孩子有问题。

孩子小学的时候，非常优秀，成绩也很好，某市几次大型的儿童晚会都是她主持的。到了初中后，感觉成绩偏弱，有点跟不上成绩拔尖的孩子，书读得比较辛苦，这是不是在孩子心中产生了落差？

平时相处中，我感觉孩子上了初中后话越来越少，以前孩子是比较活泼、很爱讲话的。

后来我和孩子的妈妈进行了面对面沟通。妈妈是工厂的会计，柔柔弱弱的，没有什么掌控感，女儿在家，从小就不是她在管，基本上是奶奶做主，奶奶在家一直很强势，一家人都听她的。

孩子3岁到7岁这几年，与爷爷奶奶一起生活，一起宠着养育，妈妈说不上话。只要妈妈开口，奶奶就说孩子小，要让着孩子。此后，只要妈妈开口教育孩子，孩子就"奶凶、奶凶"地和妈妈对着干。

由于小学时学习成绩优秀，节目主持能力也很好，整个家族的人都宠着她，妈妈也省心，在教育孩子方面没有做过什么。

五年级时，奶奶生病，没有办法再照顾孩子，孩子只能回到妈妈身边。进入青春期，孩子在与妈妈的相处中出现了严重的裂痕，妈妈总是忍让，什么都听孩子的，比如说早餐吃鸡蛋，必须要把鸡蛋壳剥掉，孩子才吃。有一次妈妈没有给孩子剥鸡蛋壳，孩子就大发脾气，又哭又闹，威胁妈妈不去上学。妈妈总是小心翼翼，生怕孩子生气，更怕孩子不去学校学习。

有一次，孩子因为开会要早到学校，妈妈起床迟了5分钟，耽误了一点点时间，孩子就在校门口与妈妈大吵大闹，让路过的师生纷纷侧目。对此，妈妈束手无策，面对来来往往的师生，忍耐着被攻击和羞辱的痛苦。回到家里，妈妈心里很不痛快，但下午4点50分又出现在校门口接孩子，就像上午的事情没有发生一样。

后来，孩子也来到了我的工作室，一个白白净净的小女孩，对我也客客气气的，着装得体，思维敏捷。她告诉我说："我看不起妈妈总是小心翼翼、总是担惊受怕。妈妈没有自我，心里总是装着爸爸和我，她不懂得反抗。我骂她，也爱她，我会无缘无故向她发脾气，因为向她发脾气最安全。我很享受这种体验，所以我会向我身边的人发脾气，包括我的班主任。当然，这影响了我和同学之间的关系。自从与班主任闹过以后，同学们都觉得我不可理喻，不和我玩了，于是我在班里没有一个好朋友，孤家寡人。我从厕所回来，教室里的三个女同学看到我就不说话了，我感觉她们在议论我，我想转学，不想再待在这个班了。这种状况带来的直接后果就是学习成绩直线下降，从班级前3名到现在的第30名，我无脸见同学和老师。"

我想到一个情况类似的孩子，妈妈一切都以孩子为中心，甚至怕孩子。

这是一个就读于重点高中的女孩子：孩子考上重点高中的清北班后说自己不去上学了，父亲一听火冒三丈。

"多少人挤破头都考不上的清北班，你说不去就不去了？你在家自学，能学好吗？还不是天天玩手机？再说了，邻居亲朋问起来，我和你妈怎么向人家解释？难道让我们说你病了吗？"

孩子哭着说："我就是不想去学校，你们要是逼我，我也不给你们丢脸了，死了算了，一了百了！"

妈妈害怕孩子出意外，又担心孩子考不上好学校，征求我的意见。"考上清华北大重要，还是孩子健康长大重要？"我问。"当然是健康长大重要，但我就是忍不住焦虑。"她说。

妈妈为什么忍不住焦虑？因为孩子厌学，她着急上火。孩子厌学，让她感到丢人和恐慌。她怕孩子成绩下降，考不到班级前几名，考不上理想的学校，让她丢面子。但是，妈妈没想过，如果孩子没了，考上再好的学校，又有什么用呢？"我们不能因为自己的面子，害了最爱的孩子。"我说。

最后，我和这位妈妈达成共识：尊重孩子的选择。不要太把孩子当回事，是亲子关系中重要的底线。

⌄⌄

陪读、包办，没想到家都散了

一位陪读妈妈含着眼泪诉说着自己这九年来的不容易。

九年了，从小学到初中，我一直在你身边陪读。看着你从一个懵懂无知的孩子成长为如今的翩翩少年，我感到无比欣慰。然而，这九年来的艰辛付出，只有我自己知道。

每天早晨，天还没亮，我就起床为你准备早餐，然后叫你起床，催促你洗漱、吃饭。

晚上，我陪着你熬夜复习功课，解答你遇到的难题。周末，我带你参加各种培训班，希望你能在学业和综合素质上有所突破。

一位五十岁左右的女人，她说自己倾尽全力付出了22年，换来的却是孩子离家出走，杳无音信。丈夫跟别的女人走了，自己的家彻底没了。她说她现在整夜整夜睡不着，她想死，可又心有不甘，她想不通这是为什么。

她跟我说起了自己这22年是怎么过的：

结婚之前她是一名幼儿园老师，私立幼儿园的合伙人，有稳定的生源和可观的收入。

儿子到了上幼儿园的年龄，为了让孩子接受更好的教育，她把儿子送到所谓的市里最好的幼儿园。哪怕离家远，她也不辞辛苦每日按时接送。她想好好培养孩子，不让孩子输在起跑线上。

由于花在孩子身上的时间和精力过多，她对自己负责管理的幼儿园工作也不那么热心了，与合伙人产生了严重的分歧，为合作失败埋下了伏笔。

儿子上小学，她让孩子上重点小学，买房、搬家，哪怕在老公不是很同意的情况下，为了买学区房，家里欠了 100 多万元。

她全身心地扑在孩子身上。每天晚上，她都陪在儿子身边，督促儿子学习，对儿子的作业，不管老师有没有要求，她都仔细检查，并对错题进行耐心讲解。同时，她还找了其他练习题，要儿子加强训练。

儿子虽不愿，但不敢对她表达。哪怕孩子已经进入了青春期，依然没有看到孩子反抗，她沾沾自喜，觉得养育了一个好儿子，儿子是来报恩的。

这个时候，原来的幼儿园合伙人，说她没有把心思放在工作上，招生、管理都没有用心，上级领导的督导也随便应付，在管理理念上又不一样，要求她退出，不然就另起炉灶。于是她选择了退出，虽然分了一笔钱，但一次性还清买房款后，手上已经没有多少钱了，此后更是没有了收入。

但她一直陪在孩子身边，不看电视也不刷手机，就只盯着孩子，不管老公，让老公一个人独自吃饭、住宿，好像是一个单身汉。

儿子不负她的期望，学习成绩一直在年级名列前茅，顺利考上重点中学后依然很听她的话，乖巧懂事，学习成绩在学校名列前茅。

在这期间，孩子的爸爸多次想和她一起出去旅游，而她想的全是孩子，拒绝了。于是老公就和别人一起旅游。

孩子就读的重点中学既可以寄宿，也可以走读，她毫不犹豫为儿子选择了走读。为了让孩子生活方便，不浪费时间，她在学校附近租了房子。

哪怕租的房子离学校很近，她仍然坚持每天接送儿子，回到家就坐在儿子身边看着儿子学习，为他收拾整理课本和作业本，还买来了各式各样的试卷，对儿子进行测试。儿子的学习基本上是先完成老师要求的，再按她的安排进行。

儿子成了一个没有任何空隙，由她操控的读书"机器人"。

从小学到高中，她一直是一个十分到位的陪读妈妈。

儿子如她所愿，考上了一所重点大学，没有工作的她再次来到儿子身边陪读，因为儿子第一学年学业挂了三科。

一路成绩优秀的儿子，到了大学后却不会主动学习，也不知道该怎样学习，毕竟大学的学习依靠的是学生的自我学习能力，跟初高中的学习有很大的差别。没有很多的作业，没有母亲的督促和安排，他不知道自己如何去知识的海洋遨游，而有了新手机、新电脑，他仿佛才开始正视世界，不知不觉沉入网络、沉迷游戏，把专业学习彻底抛诸脑后。

孩子说感觉自己的成长很亏，从小学到高中，过的都不是自己想要的生活，好不容易长大了，大学了，自由了，想要过自己说了算的生活。于是孩子说要把自己以前的生活补回来，平板电脑、智能手机不离手。孩子说专业不是自己选择的，是妈妈选的，他不喜欢。他喜欢音乐、喜欢乐队，参加了学校的草根乐队，乐不思蜀，直接导致成绩挂科，面临留级，甚至退学。

孩子恨妈妈，但妈妈依然严格管理着孩子。

你的开学生活费一个月2500元的标准，每个月1日给1900元，每天去图书馆学习，早、中、晚打卡三次（要求给我发视频且每次视频必须不一样），每成功打卡一天发10元，合计300元，全勤奖300元。还有，我不想以后天天催你找对象，谈恋爱的话每个月奖励500元。

妈妈发现问题后，给孩子微信留言。

你的打卡存在三个问题：

1.去图书馆的时间太晚，直接扣5元。

2.在图书馆门口拍照没露脸，无法确定你是否真的进入图书馆。

3.你的视频的真实性无法考证，请在白纸上写上今天的口令："寻光第一天打卡加油。"用手举着拍视频。（注：每天口令不一样，口令为我亲自编排。）

孩子难以接受妈妈的严管，妈妈不能接受孩子的挂科。于是，妈妈又到学校附近租了一间房，要求儿子走读，儿子开始不同意，她以死相逼，儿子不得不让步。

面对儿子，陪读，成了她的使命。

儿子从小学到高中，都在她的严格看管下完成学业，如今再次来到儿子身边，"捆绑"又成了她惯性的做法，可儿子终究已长大成人，面对形形色色的诱惑，迟到的叛逆让儿子更加叛逆，不管她怎样苦口婆心、怎样发飙，孩子都不再听她的话，跟她对着干。

她再也控制不了儿子了，急躁、焦虑等情绪喷涌而出。

小小的出租屋，鸡飞狗跳，一片狼藉。

她陪读近一年毫无效果，儿子挂科的情况更加严重，并且母子互相憎恨，关系糟糕得近乎敌对。

她按时煮好饭，但儿子回来也不跟她一起吃，两人只要一人开口，就犹如引爆了炸药包，屋里必定硝烟弥漫，吵、闹、哭，各种手段，她都用上，还是唤不回曾经听话的儿子。

一次大吵，儿子跳上窗户，并抛出狠话："你再逼我，我就从这里跳下去。"妈妈再也不敢逼孩子了。

……

孩子离家出走，妈妈找了一个月，找不着，她说自己付出这么多，什么也没有得到，孩子还给她的只有恨和讨厌，现在连孩子的人影儿也找不到了。

她陷入深深的悲痛中，回到久别的家，发现家里有别的女人生活的痕迹，老公已经有别人了。闹了一些日子后，老公很平静地告诉她："我们离婚吧。"

……

22年的陪伴，耗尽了她所有的时间和精力，最后儿子离家出走，丈夫也离她而去。

先有能量，后有爱，没有能量的妈妈自己过不好，一家人都过不好。《百年孤独》中非常经典的一句话："人的精神寄托可以是音乐，可以是书籍，可以是运动，可以是工作，可以是山川湖海，唯独不可以是人。""人生若只如初见，何事秋风悲画扇。等闲变却故人心，却道故人心易变。"纳兰性德的诗也说明人心易变。

孩子是靠不住的，任何人都靠不住，只有自己过好了，身边的人才会好。

老师，您好！我是某某小学六年级的英语老师。班里有一名学生，智商正常，但从一年级开始就表现出焦虑情绪，现在六年级更焦虑了。孩子的表现是上课不停讲话、插嘴，听不进别人的话，一遇到事就要马上解决，完全活在自己的世界里。

孩子的妈妈也表现出同样的焦虑。妈妈陪读了几年，现在陪读已经起不到任何效果了。班主任尽心尽责，推荐孩子接受心理咨询。妈妈带孩子去了几次，咨询师说问题根源在家长身上。因为咨询费用较高，妈妈认为只是坐着聊天，看不到效果，后来也就没有再去。

孩子的英语老师和我进行了沟通，我感觉孩子的妈妈特别没有价值感，自己的幸福感完全建立在孩子和孩子的父亲身上。

不分场合地提供帮助，甚至包办一切，这样的行为可能会让孩子感到压力。父母太过事无巨细不但会令子女反感，而且更容易产生矛盾。虽然父母的出发点是好的，但不利于孩子独立思考和解决问题能力的提高。

适度的"不作为"反而会激发孩子的主动性和创造力。特别是在孩子进入青春期后，一些父母会变得谨小慎微，生怕自己的言行惹得孩子不高兴。这种态度无形中降低了自己在孩子心中的地位，也可能导致孩子缺乏对父母的尊重。很多时候，不是孩子看不起父母，而是父母先看轻了自己。这可能是长期以来家庭教育模式和沟通方式的结果。要改变这种状况，需要父母们进行深刻的自我反省和调整。

亲子依恋不够，孩子丧失掌控感

心理学家约翰·鲍尔比提出依恋理论，探讨个体在生命早期阶段与养育者之间的依恋关系，以及这种关系如何深刻地影响其日后在人际交往中的行为模式和情感需求。亲子关系中最基本的信任要比教养方法更重要，亲子关系的依恋模式决定了孩子更相信谁。

加拿大心理学家安斯沃斯确定了三种依恋模式：安全型依恋模式、焦虑型依恋模式、回避型依恋模式。

婴幼儿与养育者形成的依恋关系类型影响其今后与人交往的方式，并且会对以后的人格发展和社会性发展产生深远的影响。

链接的能力来自一个人从小跟父母的深度链接（尤其是跟妈妈的链接），这是一种爱与被爱的能力，是一种很强的生命力。如果一个人从小跟父母的关系没有链接，内心就会有种孤独的感觉，不配得感、无力感和挫败感如影随形，觉得只有自己可以依靠，会习惯性逞强，并且与外界隔离。

❯❯

放学后，我回到了姑姑家

心怡是某重点高中的学生，最近每到周末或放假都会去姑姑家。其实这也不算什么，因为之前一直这样。但是今年妈妈从意大利回国，希望心怡回自己家住，可是孩子不想回家面对陌生的妈妈。

心怡周末不回家，妈妈为此很是抓狂，并时不时到学校见孩子，可心怡又不想见，几经冲突，不欢而散。妈妈找校长、找班主任，最后找心理咨询师咨询：如何让孩子回心转意，恢复良好的母女关系。

最近一次，妈妈在路上拦住心怡，一把鼻涕一把泪诉说自己对孩子的思念。路上同学、老师很多，心怡恨不得钻到地底下。

妈妈想通过姑姑做孩子的工作，姑姑也经常说孩子应该与父母生活在一起，可是心怡还是不想回去，哪怕住酒店都不回家。

我问心怡：为什么不想回家？

心怡说：见到妈妈和爸爸就有一点儿害怕，不自然、不舒服。

心怡表示可以住在姑姑家里，与姑父、姑姑一直很亲。

妈妈有时控制不了情绪，睡不着。为了心怡能回自己家住，妈妈与姑姑两个人最近也开始吵架，甚至不再来往。

孩子与妈妈的关系为什么成这样了呢？

妈妈生下心怡后就随爸爸去了意大利，做餐饮生意，一去就是五年。五年间，心怡与奶奶生活在一起，对她照顾最多的是姑姑。姑姑时时在孩子的身边，带她玩游戏、送她读书，不是母女，胜似母女。

其间心怡偶尔会想妈妈，后来思念中就带有恨意了，过了六岁就再也不想妈妈了。就算妈妈偶尔回到家里，心怡也是和她不冷不热的。

疫情期间，妈妈三年没有回来。孩子对妈妈的陌生感很强，一周一次的电话沟通只是应付了事。这次妈妈回国，她感到很突然，更想不到妈妈那么想要自己回到她的身边，控制自己，这让孩子感到窒息。

为什么心怡和妈妈那么不亲近呢？

生活中我们会看到这样的画面：一只小狗后面跟着一群鸭子，一个小孩身边围着几十只鸭子，小朋友走到哪儿，鸭子就跟到哪儿。我们发现，当一群鸭子开始依恋鸡妈妈后，鸭妈妈便再也不能与小鸭子和睦相处了，小鸭子也不会跟鸭妈妈走了。

最早发现这个现象的是奥地利的劳伦兹，他用孵化器孵化了一窝鹅蛋，小鹅孵化出来后，第一眼看见的活动对象就是劳伦兹，以后就总是跟在劳伦兹的身后，劳伦兹走到哪里，小鹅就跟到哪里，甚至在见到它们真正的母亲——鹅妈妈时也不理不睬。在受到惊吓时，小鹅们也总是向劳伦兹跑去。劳伦兹把这种无须强化的、在一定时期容易形成的反应叫作"印刻现象"。劳伦兹认为许多动物都有印刻现象，人类也不例外。劳伦兹把在人类婴幼儿时期"印刻"发生的时期称为"关键期"。

这让我想起一个朋友的孙女与她妈妈的关系。

朋友三岁的孙女拼命挣开妈妈的手，妈妈不放，孩子边用嘴咬边撕心裂肺地哭，吼叫着要回家。妈妈实在没有力气了，放下孩子后，孩子吵着说："要回家，我要回家。"可是孩子的家就在小区里，妈妈就在身边。孩子说的回家是要和一直照顾自己的保姆一起回保姆乡下的老家……

孩子妈妈说，女儿出生一个月后就和保姆睡在一起，与保姆建立了深度的依恋关系，现在更是一刻也不能离开保姆。

还有些家庭为了减轻妈妈的负担，请了两个保姆，孩子周一和A保姆睡，周二与B保姆睡，周三与奶奶睡，周四和外婆睡，周五跟妈妈睡，周末大家轮流陪伴。表面上看这样的安排是减轻了妈妈的负担，可是孩子跟所有的人都没有建立依恋关系。

有的人会说过几天后，孩子就会与妈妈和好，并且关系会更亲密。可是在现实生活中我们会发现：在计划生育年代，有的家庭第一胎是女孩，如果第二胎还是女孩，家人为了生男孩，会把老二送给亲戚抚养。二女儿长大后回到家里，很多家长发现孩子跟自己不亲近。有的孩子甚至成年后都不愿和父母在一起生活，冷冷淡淡，客客气气……

"为什么我的眼里常含泪水，因为我对这片土地爱得深沉。"这句话出自艾青的《我爱这土地》，他的成名作是《大堰河——

我的保姆》。

……

今天，你的乳儿是在狱里，

写着一首呈给你的赞美诗，

呈给你黄土下紫色的灵魂，

呈给你拥抱过我的直伸着的手，

呈给你吻过我的唇，

呈给你泥黑的温柔的脸颜，

呈给你养育了我的乳房，

……

艾青为什么依恋保姆却不依恋自己的妈妈？因为艾青的妈妈生他的时候难产，48小时后才生下他，爸爸给他算命，先生说只能给别人代养，才不会"克"家人。算命先生的话改变了艾青童年的生活轨迹，他直到6岁才回到爸爸妈妈的家，从此与父母亲近不起来。

1941年，艾青收到了盖有金华县邮戳的家信，信是妹妹希宁和弟弟海济写来的，他们告诉他"父亲大人已于6月21日在金华福音医院不幸病逝，享年53岁"。艾青父亲蒋忠樽含恨而终，艾青心里也不好受，可他并没有回去料理后事，即便他的母亲楼仙筹曾催促过他。在父亲死后的第三个月，艾青才提笔写了一首长诗《我的父亲》，这也是艾青第一次提笔专门写自己的父亲。

……

如今我的父亲，

已安静地躺在泥土里。

在他出殡的时候，

我没有为他举过魂幡，

也没有不服穿过粗麻布的衣裳；

我正带着嘶哑的歌声，奔走在

……

后来，艾青四次回到老家，四次都是到保姆的坟头祭拜，爸妈那儿一次也没有去过……

心理学家鲍尔比认为：在生命的前三年里，个体如果经历了长期的分离或者反复出现的分离，那么分离将会永远存在于他的生活中。

阿德勒也认为，幸运的人用童年治愈一生，不幸的人用一生治愈童年。

20世纪60年代，一队前往印度考察的科学家在当地发现了两个"狼孩"，那是在幼年时被狼偷去的两个人类婴儿。其中一个6岁左右，另外一个大约2岁。两个孩子由于和狼生活在一起，学到的完全是狼的习性，比如用四肢爬行、吃生肉、白天睡觉晚上出行、发出像狼那样的吼叫等。

科学家把这两个"狼孩"带回了英国，小狼孩不久就生病去世了，大狼孩一直在英国一个孤儿院里生活了十年，之后也因为生病去世了。

"狼孩"的例子使科学家们相信，6岁前显然是学习动作、生活习惯、言语、智能等的关键期，6岁前成长的环境对人的一生有着深刻的、无法改变的影响。

我们在这里要谈的不仅仅是对知识的学习，更重要的是情感的链接。

让我们重新审视心怡与妈妈的关系：因为心怡小时候没有建立与妈妈的依恋关系导致隔阂的产生，现在很难恢复。好在孩子已经上高中，马上就成年了。作为妈妈，不要内疚，不要纠结与孩子的关系，要懂得放手才是最好的爱。尊重孩子现有的生活方式，尊重孩子的依恋关系，允许孩子到姑姑家，允许孩子做自己，允许孩子过自己想要的生活。

父母要在孩子年幼时给予他们足够的爱，在孩子长大后学会得体退出，照顾和分离都是父母在孩子的成长过程中必须完成的任务。

"全托"的人生，使生命虚无

校长发了一张照片给我：照片中一个女孩子站在教学楼的5楼，要跳楼的样子。校长说：孩子的成绩非常好，读过很多书。400多名住校生里，孩子的语文成绩排在前10名，这次作文比赛更是获得了市级奖项。语文老师经常把她的作文当作范文在班级里朗读。校长问我是否有时间接待一下这个孩子。

那天下午，爸爸妈妈带孩子过来了。文静、漂亮、高挑，留着刘海儿，身穿校服、运动鞋……给人的感觉是规规矩矩的一名小学高年级学生。因为是被老师和家长强行带到我这里来的，所以孩子不愿意和我交流。刚开始，我尝试通过一些方法与她建立联系，但徒劳无功。不经意的瞬间，我与她的眼神相遇，捕捉到了一丝微妙的变化。她的目光不再像之前那样坚定和冷漠，而是闪烁着某种难以名状的情绪。那是一种渴望被理解的眼神，或者是对我内心深处那份坚持和努力的认可。那一刻，我仿佛看到了希望的曙光，我发现她在观察旁边的沙盘。

"我们来做个沙盘，你愿意吗？"我问。

她点点头。

30分钟后，沙盘呈现出来。突兀的是中间的骷髅，骷髅的旁边是一口棺材，棺材的下面压着一个小姑娘。

"老师，这个小姑娘是我，是躺在棺材里面的，因为棺材盖打不开。左下角是虎、狼、豺、豹、蛇，左上角是军舰、机枪、飞机、坦克等杀伤性武器。右上角十几个孩子坐在树荫底下看书、玩耍、做作业。右下角是医生在打针，还有家长宠着孩子、拖着孩子、抱着孩子。"她说。

看到这个画面，我深深地感受到孩子对生命有很多思考，也有很多失望。

我给她分析这个沙盘，她觉得我懂她，愿意和我说一些自己的事了。

我小心翼翼地问："最近你看什么书？"

她说："前段时间，我看了林徽因的《人间四月天》。开学初我看了路遥的《平凡的世界》。我知道了孙少平、孙少安，知道了田润叶、田晓霞，更知道了徐志摩的《再别康桥》。"

我问："你会跟同学聊这些事吗？"

她惊奇地看着我，蹦出一句话："老师，你不觉得我们班同学很幼稚吗？和他们有什么好聊的？我就喜欢跟你这样成熟的人说话。"

然后我们从李白的《将进酒》聊到了杜牧的"南朝四百八十寺，多少楼台烟雨中"。

孩子说自己喜欢读书，除了做作业和看书，就没有别的事情可做了。她常觉得人生很虚无，十年也是死，百年也是死，没什么意思！

有时候，我们会发现，如果一个人一直沉浸在书本中，会莫名多出很多说不清道不明的痛楚，感觉与身边的人格格不入。

或者说，孩子书读得太多了，思想上的格局打开了，可是行动力却没有，也就是落后的行动力赶不上已经走得很远的思想。时间久了，就会感到人生虚无、没有意义。

我建议孩子的妈妈平时多带孩子参加集体活动，走出家门，爬爬山，看看风景，或去超市逛逛，一起买买东西；让孩子多和同伴出去玩玩，看看电影，逛逛饰品店，吃吃小吃什么的。总之，转移孩子的注意力，让孩子体验生活中的琐事，而不是一直沉浸在书中、沉浸在自我遐想中。

后来在与孩子妈妈的对话中，我了解到：孩子的爸爸妈妈是做生意的，孩子出生后就由奶奶带，3岁在广东上幼儿园，住园；6周岁读私立小学，住校；四年级时，回到温州某私立小学读书，仍然住校。

在孩子的成长过程中，几乎没有与父母在一起生活的时间。

20世纪60年代，英国心理学家鲍尔比深入研究了婴儿与养育者（尤其是母亲）之间的依恋关系，提出依恋理论并剖析了其发展阶段和内部机制。随后，加拿大心理学家安斯沃斯进一步确认了三种依恋模式：安全型依恋模式、回避型依恋模式和焦虑型依恋模式。

与父母长期分离，没有建立安全型依恋模式的孩子，不仅社会化程度不足，到少年期或成年时期仍会深受影响。讲到这里，我脑海里闪过一名重点高中的高二男生。来找我咨询时，孩子宅在家里已有两个月了。

妈妈说孩子被马列主义思想困住了，房间的天花板上是马克思的图片，左边墙壁是恩格斯，右边是康德，窗台上摆放着尼采、黑格尔、康德的铜像和书籍，他陷入哲学无法自拔。

孩子体型异常肥胖，足有230斤，轮廓圆润，小腹膨胀。他明显缺乏运动，孩子的体型限制了他对外界环境的探索与适应能力。通过观察我发现，孩子自理能力极差，从来都是"饭来张口，衣来伸手"。不仅如此，他的个人形象也显得有些散漫：头发没有经过梳理，随意地披散在脑后，显得杂乱无章；穿着随意，既不整齐也不干净，给人留下一种不修边幅的印象，整个人看上去无精打采。

孩子说今年9月要到工厂去打工。他要检验一下马克思资本论的观点是不是准确。现在休息两个月，是为打工做准备。

无独有偶，我在江西做教师培训时有位朋友告诉我，他们学校一名高二的学生深深陷入了马克思主义理论中，不愿再读书了，具体情况跟我前面提到的那个孩子非常像。

前几天，一位家长加我微信，在留言中提出了一个引人深思的问题：我家孩子的思维似乎正逐渐深入到哲学和宗教的领域，这是否意味着他在探索更深层次的人生意义与宇宙真理？这种倾向对他的成长有何影响？

这个男孩子的成长经历也伴随着严重的陪伴缺失。由于父母在外地工作，长期没有与孩子生活在一起，孩子由奶奶爷爷带大，奶奶是一个控制欲极强的人，哪怕孙子已经读高中了，给他10元人民币到隔壁小卖部买可乐，她都要站在窗前，看着孙子买回可乐到家才放心。

孩子的成长过程中，妈妈、爸爸的陪伴是缺失的，孩子没有与父母建立任何的情感链接。

这类孩子有个共同的特点：读了很多的书。

有人说一个孩子书读得特别多，就像是小轿车装上了飞机的发动机，但又飞不起来，在公路上跑又跑不了，最后就崩溃了。所以，思想要落实为行动，转化为真实的结果才有意义。

精神分析学派心理学家提出，大部分成年人的极端行为都可以追溯到其某种早期心理经历，人的心理问题与其6岁前的教育有很大关系。

如何建立安全型依恋模式呢？

身体的舒适接触对依恋的形成起着更重要的作用。父母与孩子之间要保持经常的肌肤接触，如抱抱孩子，摸摸孩子的脸、胸、背等，让孩子体会"接触带来的安慰感"，对大一些的孩子也应如此；尽量避免父母与孩子长期分离。长期分离造成的分离焦虑对孩子心理的正常发展有明显的消极影响。父母应尽量克服困难，亲自担当起抚养、教育孩子的责任。如果必须分离，应与孩子做好沟通并坚决离开；要对孩子发出的信号做出快速反应，使孩子感受到自己的存在价值；做亲子游戏时，父母应保持愉快的情绪与孩子玩耍，全身心地投入其中。孩子有了安全感，才能逐渐形成坚强、自信等良好的品质，成为一个对人友善、乐于探索、具有处事能力的人。

研究还表明，孩子处于婴幼儿时期，家长尤其是妈妈的敏感性和回应性对孩子形成哪种依恋关系影响巨大。

当家长能够迅速并恰当地回应孩子的需求时，孩子会深刻感受到被理解与关怀，进而逐步建立起稳定和安全的依恋关系，这对他们的成长至关重要。

如当一个婴儿在睡醒时，发现自己未能立即感受到温暖的怀抱而开始哭泣，这时家人能够迅速将婴儿抱起并给予安抚，婴儿便能在那一刻重新找到缺失的安全感，体验温暖的幸福感，会不由自主地笑起来。这样的互动模式不断地重复，不仅能让婴儿深切体会到家人的关爱与呵护，同时也使他们逐渐意识到自己的需求是被真诚对待和尊重的。

随着时间的推移，这种安全感会渐渐融入婴儿的潜意识之中，进而转化为对周围环境的信任感。

慢慢长大后，这种由内而外的安全感和信任感会促使孩子在面对新的环境或挑战时，表现出更多的自信与勇气，更愿意去探索未知的世界。

当然，在孩子的成长过程中，父母的言行对孩子的影响是很大的。父母要怎么做才能进一步帮助孩子形成安全型依恋模式呢？父母是开放的，他们的反应模式是前后一致、可预测的。父母有着清晰的边界，尊重孩子，也能让孩子感到安全，并能舒服地表达自己的想法，能和家庭成员进行无障碍沟通并能够在家中习得应对冲突的方法。父母情绪上是灵活的、有弹性的，当发生冲突时，父母始终是与孩子保持联结的，沟通渠道是畅通的。

安全型依恋模式的人，长大后能够自我调节情绪，有足够的安全感来谈论情绪或进行困难的对话，是可依靠的、可支持的，值得信任的，能够坦然地直面冲突，放心地依赖并信任周围的人。他们的言语和行为是一致的，在任何关系中都是开放的、成长的、好奇的。

∨
∨

影子爸爸，让孩子伤痕累累

一位在职在编的老师，听了我的课后说和我讲的内容有共鸣，想和我说说她的成长历程。事情已经过去差不多两年了，晚上翻手机时，看到了那位老师的留言：

林老师，很高兴认识您，培训结束后男朋友家里有亲人去世，各种丧仪加上学校事务，一直没有回复您，真的不好意思。

上回听了您的讲座，单独和您沟通后，我和家里的亲戚尽量保持距离，不给他们伤害我的机会，对偶尔刺耳的话语也是不予置评，我明显感觉到了自己的变化，我变得更加开朗、自信和活泼了。在上个星期的C证面试上，我觉得这是一个展示自我的机会，面试官听到我一直坚持用阅读疗愈原生家庭伤害时，对我赞不绝口。

可是最近的一件事打破了这样的状态。我们教研组在学校开办了五子棋社，社团活动前我在网上和人对弈了几把，因为之前没练过所以一直都是输。我忽然产生了一种非常极端的痛苦和愤怒，好像人世间所有的苦难都向我袭来，我开始怨恨世界，怨恨所有人，一种想法在我心里升腾——自杀。我尝试深呼吸，过了几秒钟（心理学上说五秒极端情绪就会消退大半），这种极端情绪没有消退半分。值得一提的是，这种极端情绪对我而言并不陌生，在中学做不出题的时候，在谈恋爱闹矛盾的时候，我曾无数次感受到了极端的悲伤和愤怒，无数次想自我了断。其实在很小的时候，我就不知道要怎么去原谅、宽恕、平息愤怒，就像妈妈对爸爸永远有发泄不完的愤恨一样。

残存的理智让我想起了最近看的《蛤蟆先生去看心理医生》，随即意识到我在审判自己、折磨自己。立刻重温了书中的片段，极端情绪消退了，但是我觉得头昏，心脏闷闷地疼……我知道，这是刚才极端情绪的躯体化。

意识到不对劲的我又去看了《变态心理学》，我发现其中"边缘型人格障碍"的症状和我完全吻合（但是我不敢给自己下诊断）。这一发现让我非常难过，从大学开始，我用了六年去努力克服原生家庭的阴影，难道我真的要用一生去治愈它吗？

我记不得父亲的模样，但知道父亲还活着，母亲说父亲到很远的地方去了。母亲在那片贫瘠的土地上日出而作，日落而息，本分老实，她把自己所有的苦困在心里，从来没有向人说起，不说不笑，不冷不热，平平淡淡。也许母亲的心已经冷了，唯一一次笑是因为我考取了教师编制。

我感觉自己从小就是在冷眼和嘲笑中长大的，没有一个亲戚给我一丝温暖。我知道了世态炎凉，哪怕是很亲的人也一样。

每次受到不公正对待，我就会想起那个没能给我们一个完整的家的父亲。

外婆告诉我，爸爸和妈妈一直没有离婚，可是爸爸与别的女人生活了半辈子。有传闻说我还有一个弟弟，只是没有见面。

爸爸的狠心，妈妈的倔强，导致我的生活环境一言难尽。

冰冷的妈妈，影子的爸爸，让我无处安放我的灵魂和肉体。

从初二开始，每当夜深人静，只要有风，树叶微动，我就会不由自主地拿起美工刀，割自己的左手腕，血迹斑斑，惨不忍睹，我时常会拿手帕捆扎自己受伤的手腕，但偶尔还是会有血渗出。

像妈妈一样倔强的我，一定要考上大学，一定要有一份体面的工作，念念不忘必有回响。

我终于考上了一所不错的师范院校。

在大学里，我认真学习，刻苦努力，很少与同学交往。同学的事我不想介入，也介入不了，因为家庭背景、经济水平、父母的视野格局等因素，我总是与同学们格格不入。同学们说我怪，老师也善意地提醒我，多参加一些社团活动，可是我做不到，不是不想参加，而是参加了一些活动，从开始到结束，我都是痛苦的、惭愧的，同学们当我是透明的，我始终是孤家寡人……虽然总算毕业了，也拿到了毕业证书，但我与他们总有云泥之别。

在一所小学代课一年后，也算运气好，我考编上岸。

我现在在一所乡下初中教英语，工作认真努力。可是我不开心，学生也不喜欢我，家长成天对我不友好，总是不满意，制造困难，特别是在家长群中，只要是我布置的任务，总有个别家长冲着我来。同事对我也不好，评先进，我只获得了三票。

可是我努力了，鸡叫出门，狗叫回家，怕学生冷，怕学生热，怕学生肚子饿……还要我怎么做，他们才满意呢？

我不想与领导交往，不想与权威交往，我过起了一个人的生活。虽然我有男朋友，可是与他感情不稳定，担心不能与他走进婚姻的殿堂。

上次校长叫我去他办公室，看到男校长一个人坐在办公室，我又退了出来。我怕和他说话，我有种说不出的担心，但不知道为什么，脸红耳赤，心跳加快，表达不自如，忐忑不安。反正比我强的人，我都不想和他们交往。学术权威也一样，有一次听特级教师讲课，我很喜欢他的讲座，也很赞同他的观点，想请教他一些问题，但走到他身边又退了回来。

我的男朋友，是我工作后认识的，刚开始我们花前月下，你侬我侬。可现在他开始嫌弃我，对我总是爱搭不理的，有时会有距离感，说我是他的负担。

他说我一天要给他打8个电话，可我不打电话实在没有安全感，脑子里、心里都是他，只要他没有及时接电话，我就会想得特别多：他是否和别人在一起？那个女人是不是比我优秀？是不是很漂亮？然后就是睡不着、吃不下，影响工作、影响生活。

记得去年8月17日晚上，他们单位同事聚餐，8:30还没回来，我就给他打电话，想叫他早点回家，少喝点酒。可是打了4个电话他都没接，我心神不宁，忐忑不安，就开始打家里养的猫，小猫跳到了柜子上，我才停手。然后，我就给男朋友的朋友打电话，给男朋友的爸爸打电话，又给曾经和男朋友关系较好的女性朋友打电话……

那天晚上，全世界都知道了我的男朋友没有回来，其实那个时候才8:50。从那天开始，男朋友就开始疏离我，不冷不热，平平淡淡。后来，我与唯一的朋友说起此事，朋友也觉得我不可理喻。

类似的案例，网上还有不少：

@紫色星空：我就是过度依恋，不停地问身边的人"爱不爱我"，爱我的我要问，不爱我的也要问，感觉对别人"不爱我"这个事实特别恐慌。我该怎么办？怎么才不会这样极端地对待身边的人。

@允我心安：我就存在过度依恋，老公出去喝酒、唱歌、出差，我就特别没有安全感。我怕他背叛我，好像他在我身边，我就很安全！还有就是夜深人静的时候内心很空虚，我经常想象一些疗愈的画面来滋养内心！我极度没有安全感。

……

美国的神学家约瑟夫·坎贝尔说，父亲是所有敌人的原型，你和父亲的关系决定了你和这个社会的关系。跟父亲的关系好，会让我们更加容易成功，因为父亲是阳刚的，他是保护者，父亲的力量是山一般的力量。如果你跟父亲的关系比较好，你往往会得到力量，你会勇敢、坚强，敢于挑战、敢于面对冲突。从外在的成果来看，和父亲的关系好，我们就会更加敢于争取自己想要的结果，更加敢于承担责任，最后就是你的事业就会比较成功。如果你跟父亲的关系不好，或者怨恨父亲，那么你的事业往往会遇到很多阻碍，即便你成功了，你的成功也会有天花板。父亲在家里代表着权威。我们跟父亲的关系不好，意味着我们会自然抗拒这个权威，那你在外面跟那些比你厉害的人的关系就不会太好，尤其是在职场上，你就会跟你的上司对抗，这对你的事业发展不利。

而与妈妈的依恋模式，决定了成年以后与男朋友的依恋模式。

依恋是个体对某一特定个体长久持续的情感联系，是对此人的一种追随依附和亲密行为，以及由此带来的归属感和安全感。关键期是指人和动物的某些行为与能力发展有一定的时间，在这一特定的时间段及时适当的良性刺激会促使孩子的行为和能力得到更好的发展。婴幼儿与其养育者形成的异常关系会影响孩子日后与人交往的方式，并且对以后的人格发展和社会性的发展产生深远的影响。

亲子关系中最基本的信任要比教养方法更重要，亲子关系依恋的模式决定孩子更相信谁。当母亲离开的时候，"安全型"的婴儿是不快乐的，当母亲回来的时候，他们就会快乐起来；相反，"回避型"婴儿的表现是：当母亲离开的时候，他们的视线就会离开，即使母亲回来了，他们也会继续回避，不去看她。这些孩子的行为表现得好像他们根本不在乎，但是在心理学上有一个悲伤的发现，当你测试"回避型"婴儿的心率的时候，便会发现他们实际上是非常不安的，他们已经学会了如何隐蔽自己的感受。

焦虑型依恋的孩子在妈妈离开的时候感觉妈妈抛弃了自己，不再回来，于是伤心欲绝，哭闹不止，有恨有怨……

其实文章开头提到的女教师与妈妈的依恋是焦虑型依恋，妈妈很冷，母女之间没有交流，其实妈妈也处在焦虑不安中，正因为有前面的焦虑不安，才有了后来的冷若冰霜。

∨∨

焦虑的我，一个晚上给男朋友打了107个电话

18岁那年，上大一的冬冬交了男朋友，本以为是幸福生活的开始，没想到痛苦随之而来。

生活中，冬冬对男友非常依赖，随时都需要男朋友在身边陪伴。谈恋爱像上班，不仅要打卡汇报行踪，有时还要求男友24小时及时回复消息。短信必须"秒回"，如果不接电话，冬冬就会疯狂地打。有一次，冬冬男友晚上与同事在单位联欢，现场非常吵闹，没有听到电话铃声，夜里11点打开手机，发现冬冬竟给他打了107个电话。

冬冬另一次情绪爆发是男友上班时因为手机没电没接到电话，冬冬认为男朋友肯定不爱她了，甚至想到对方可能抛弃自己了。被这种担心充斥头脑的冬冬越想越难受，随即在家里翻箱倒柜，水壶、碗筷、花瓶、衣服，只要能拿得起的东西全部摔在地上。

男友感觉冬冬的爱越来越让人窒息……

另一个女孩飘飘，男朋友和同事去KTV，歌厅有些吵，没听到手机铃声，也忘记事后回复女友，让女友等了一个晚上。飘飘见到男友后，脱口而出："你想分手就直说！不要这样折磨我！"

飘飘已经预设好了男友出轨的情景，沉浸其中无法自拔。男友极力解释，向她提供了没有出轨的证据。然而，即便提供了证据，飘飘仍然会不断地怀疑，甚至认为这些证据可能是男友事先准备好的，与他人串通好了说辞。

对于安全型依恋模式的人来说，这种情况可能是生活中的一个小插曲，解释清楚后，下次避免这样，这件事就过去了。对于焦虑型依恋模式的女友来说，情况却截然不同。如果她发现男友突然联系不上，像消失了一样，她的情绪就会马上变得紧张不安。然后，各种负面猜测和寻找相关证据的行为随之而来，一定程度的偏执和猜疑就会呈现出来。

冬冬和飘飘为什么那么没有安全感呢？让我们一起来看看两个女孩的成长经历吧！

冬冬的妈妈十六岁生了她，她是私生女，父母一直以来很少管她。妈妈十六岁那年，初中毕业，与社会青年交往、恋爱、发生关系，无知的妈妈在怀孕六个月时才被外婆发现，只能把她生下来，冬冬的生父也没有尽到父亲的义务。

孩子长期与外公外婆一起生活，外婆是一个没有边界感的人。有时，妈妈也会管幼小的冬冬，但妈妈情绪不好，有时热情似火，有时冷若冰霜，冬冬无所适从。妈妈从来没有满足过冬冬的需要，有时甚至会打骂她。

飘飘的妈妈说飘飘到现在还很黏人，一点儿都不像大人，十四五岁了，着急起来还会抱着妈妈的大腿不放。这种对妈妈的分离焦虑就像一片挥之不去的乌云，时时笼罩在飘飘的心头。

长大后的飘飘和冬冬一样特别没有安全感。由于养育关系的问题，两个女孩与母亲的关系都属于焦虑型依恋。

焦虑型依恋模式的人在人际关系中表现得异常冲动，常常会做出一些过激的行为，在与他人的关系中总是害怕被抛弃，患得患失，对于他人的情绪状态高度敏感。他们在感情中常常处于被动状态，尽管内心极度渴望对方的主动示好，但当对方稍显冷淡时，他们便会陷入深深的焦虑之中。他们往往将过多的情感寄托在对方身上，忽视了生活中其他重要的方面，如事业、亲情、友情等。同时，他们通常不够自信，习惯于过分关注对方的态度，这不仅给自己带来巨大的心理压力，也给另一半带来了负担。

焦虑型依恋模式的人在亲密关系中常常处于担心和不安中。他们可能会过度关注关系中的每一个细节，时刻担心另一半会离开或不再关心自己。这种持续不断的担忧使得他们在感情中很难真正放松，总是处于一种紧张和不安的状态，害怕任何可能危及关系稳定的因素。

焦虑型依恋模式的人在日常生活中，即使是一件微不足道的小事，如是否要外出买早餐，或者能否移动某个物品，他们也倾向于向另一半反复确认、寻求许可。时间久了，容易让对方不耐烦。

那么，焦虑型依恋模式是如何形成的呢？

大部分焦虑型依恋模式的人在成长过程中没有得到很好的关怀、关注。父母与孩子的互动往往是不可预测、前后不一致的，父母没有边界感或时常侵犯孩子的边界。父母还不会调节自己的情绪（如暴怒、自我封闭等），对于孩子的情绪，父母也不会做出反应或帮助孩子理解、处理它们。父母与其他人的关系也是不稳定的。

根据依恋模式理论，如果母亲能够给予孩子稳定且一致的关注和关爱，孩子将会发展出一种健康而安全的依恋人格。这种安全感使他们能够在成长过程中更加自信和独立。他们可能会表现得黏人、有强烈的自我中心倾向（自恋），并且会通过各种方式来吸引母亲的注意，如不断地寻求互动和关注，以确保自己在母亲心中的存在感。这些行为实际上是孩子内心不安和需求未被满足的表现。

一个人在亲密关系中的行为表现，实际上是其过往经历与情感记忆的综合反映，这些经历塑造了他们与他人建立联系的独特方式。

对于焦虑型依恋模式的人而言，需要处理和澄清许多复杂的情绪，并揭示那些深藏不露的心理情结。虽然这种依恋模式往往深深植根于个体的早期生活经历中，但这并不意味着它无法改变。通过积极的努力和适当的干预措施，个体可以逐步克服这些挑战，逐渐建立起更为成熟和健康的依恋模式。

﹀﹀

无力感，让我不想走近你

42 岁的公务员周告，未婚，个子中等、身形瘦削，家中有两位姐姐，其中一位也未婚。与他交谈时，他的眼神飘忽不定，透露出一丝羞涩与拘谨。周告话不多，常常低着头，仿佛在用沉默筑起一道墙，将自己与外界隔离开来。

周告的朋友不多，和同事交往也少，常常独来独往。刚开始工作时，大家对他的印象很好，帅气又博学。但相处久了以后，周告给人感觉很冷，从来不谈自己的感受。一次酒桌上，大家谈兴正浓，他沉默不语，别人问他："这个酒味道好吗？"他直接说："你不是喝了吗？好不好喝还要问我吗？"他怼得同事很尴尬。

从小到大，周告都是一个特别独立的人，他强调现在的一切都是靠自己的努力得来的。读书期间，遇到困难，他会咬紧牙关，必须自己独立完成学业，不求别人帮忙。还好，他考上了本科。

工作后，哪怕现在已经 40 多岁，任何工作项目，他都想自己一个人完成，即便加班加点，也不想与别人合作，不想麻烦别人。他认为寻求别人帮助是软弱的表现。

周告有三段感情，且经历非常相似。

第一次谈恋爱，24岁，大学毕业刚一年。女生23岁，刚参加工作。互相感觉还不错，学历、家境、收入、性格、长相都匹配。谈了两个月后，女生说自己很满意，想订婚，见双方父母。周告突然就犹豫了，他担心很多，时常问自己，难道她就是陪伴我人生的人吗？她会对我忠诚吗？她凭什么对我好呢？我有能力照顾她吗？

无数的不确定，让他产生了严重的焦虑，内心特别"拧巴"。怎么办？怎么办？终止恋爱，分手！分手！

周告的第一段感情无疾而终。

过了一些日子，他又想起女生的好来，想靠近她，给她一丝希望。对方感觉两个人会和好如初，于是继续交往。与女生吵架的时候，周告总是喜欢使用冷暴力，要么不回复信息，故意冷落女生，要么就干脆玩消失。

女孩知道他的性格后，也选择了包容、体谅。

五个月后，女孩又提出见父母，周告再次选择了逃避。

周告很矛盾，渴望爱又逃避爱。谈恋爱时，他明明喜欢对方，却经常性忽冷忽热，或者害怕自己陷得太深；时而渴望甜甜的恋爱，时而只想一个人静静地独处。

内心敏感的他总是什么都不说出口，时刻与人保持安全距离。一次，领导刚好在他前面走着，就差十几米的距离。领导走得有些慢，周告超过领导不是，不超过领导也不是。因为若超过了领导，按理说应该打招呼，不打招呼显得不礼貌，也会很尴尬。犹犹豫豫的周告只好默默地走在领导后面。

走了一会儿，领导意识到后面有个人跟着，转过身看到是周告便热情地和他打招呼，周告尴尬地笑了笑。这次经历让周告印象很深刻，他也很想走出这样的状态。以后再出现类似的情况，当他想逃离时，就给自己"打气"，和同事面对面走过时，尽量眼神不回避，主动和同事打招呼，从小小的互动开始做出改变。在办公室工作期间，周告有时也会主动融入同事们的闲聊中。

慢慢地，他自我感觉好了很多。

周告从小生活在缺少理解、关怀的环境中，父母自视甚高，对他的期望也很高。他有不足的地方，就会被父母责备。他也想谈恋爱，最好能结婚生子，但他不自信，也怕被拒绝，所以与他相亲的人总是觉得他怪怪的……

周告让我想起了自己的一个学生，小B，高一，他有时会用小刀划自己的左手腕。小B平时很安静，老师上课讲到有趣的地方，其他同学都会哈哈大笑，他还是很淡定，给人很冷漠的感觉。

小B成绩不错，平时总是独来独往，很敏感，跟其他同学关系不是很好，也不太尊重老师。他有时会在本子上写骂同学、老师的话，之前的同桌拒绝和他一起坐，他现在一个人坐在教室最后面。

在咨询室，我试着拉小B的手，想看看他手腕上的伤，可他把手腕护得很紧，一声不吭。

半个月后，他递给我一张纸条，上面写着三句话：

"你们都是假惺惺的，对我没用。我很无力，不想和你们走得太近！你们都只是说说而已，我已经不信任你们了。"

虽然话有点伤人，但我感觉他愿意给我写小纸条，其实他内心还是渴望和别人沟通的，只是他不太敢跟他人面对面交流。

我鼓励小B，如果愿意的话，平时可以给老师写信。但是，我后来再没有收到过他的信。或许，他真的不信任我。

小B的父母关系一直很不好，总是吵架。小B五六岁时，父母为了工作，有时只能把他锁在家里，他手指上有个小伤疤，就是一个人在家玩时划伤的。有时他也跟着奶奶一起生活，但奶奶不太喜欢他。小学四五年级时，父母闹离婚，都争着要小B的抚养权，小B的妈妈就把小B带到舅舅家住。小B总是战战兢兢的，没有安全感。

有一次，舅妈的钱包里少了20元钱，以为是小B拿的，但是又没有证据。舅妈当着所有人的面说如果拿钱的人把钱还回来，那就不追究这件事了。那天晚上舅妈房间的地面上出现了之前丢失的20元钱。

舅妈看到钱后，很得意，觉得自己猜得没错，更加确定这20元钱是小B拿的。舅妈没有遵守承诺，把这件事告诉了很多亲戚。小B为此被妈妈狠狠训斥了一番。这件事给小B造成了很大的心理阴影。

后来，小B的父母婚没离成，凑合着过日子，小B又回到自己家去了……

此后，他更加冷漠少言了。

根据《精神疾病诊断与统计手册》，回避型依恋模式的人需至少符合以下七项中的四项：畏惧批评和指责；害怕不被欢迎，不愿参与他人事务；担心被羞辱或嘲笑从而抗拒建立亲密关系；

担心在社交场合被排斥或批评；在意自身缺点；认为自己社交无能；担心出糗，避免承担风险。显然小B是符合回避型人格类型的。

因为家长给予的关爱较少，所以小B经常独自一人。有些父母与孩子的关系冷漠、疏远，对孩子的精神世界漠不关心，对孩子高度控制，不允许孩子犯错，孩子很难做真实的自己。显然，父母对小B目前这种自我封闭的倾向，以及不轻易表露情感或与他人建立深层次的联系的状态有直接影响。父母的行为模式对小B的心理发展产生了深远的影响，导致小B长大后也难以建立起稳定而亲密的人际关系。

很多人都是在童年时期形成了回避型依恋模式，长大后在亲密关系中常常表现出疏离和排斥的行为。当关系变得过于紧密时，他们可能会突然感到不适，并选择退缩，而一旦发现对方的需求没有得到满足，他们往往会迅速且决绝地结束这段关系。尽管这些人在内心深处非常渴望与他人建立联系，但他们同时又害怕这种联系，既希望有人能够理解自己，又担心自己的内心世界无法被他人真正理解。此外，他们也很难理解他人的需求。由于对依赖和信任的恐惧，这些人往往表现得十分挑剔，并缺乏对他人的同理心。这使得他们在理解和回应他人需求方面显得尤为困难。

回避型依恋模式的人往往还伴随述情障碍。哈佛大学精神病学家彼得·西弗尼奥斯博士指出，述情障碍也称为"情感表达不能"，是一种专门用来描述那些难以恰当表达和识别自己情感状态的情况。有述情障碍的人通常无法用准确的语言来传达内心的体验与感受，他们内心是充满爱意的，却因拙于言辞，一开口便可能伤人。

在日常生活中，如果遇到回避型依恋模式的人，不妨多给予他们一些理解和信任。没有经历过的人，可能很难完全理解，对他们而言，建立一段亲密关系绝非易事。这需要他们克服长久以来积累的心理创伤，这一过程往往需要付出很多的时间和精力。因此，我们应当给予他们更多的耐心和支持，让他们在困惑中感受到来自周围人的关怀与温暖，从而逐渐走出心灵的阴霾，重拾生活的信心和勇气。

让孩子有掌控感是
形成健全人格的基石

掌控感的核心不是消灭压力，而是学会驾驭压力；真正的强大源于提升解决问题的能力，与其麻木地应对问题，还不如经历崩溃后重建与成长来得宝贵。

作为父母，我们应深思：我们是协助孩子缓解压力，还是无意中成为孩子最大的压力来源。

关系先于教育，良好关系促进掌控感形成

一切的心理问题都是关系出了问题，一切的心理障碍都是关系出了障碍。孩子成长中的最大推动力，来自良好关系的滋养。

心理学家阿德勒说："幸福的人一生被童年治愈，不幸的人一生都在治愈童年。"这句话深刻揭示了童年经历对个体一生的影响。《学记》中也提到："亲其师，信其道。"这都强调了建立良好人际关系的重要性。

一个人与外界连接的能力，决定了他在这个世界上过得好不好。与这个世界连接得好的人便处处有贵人相助，有很强的领导力和创造力。

接纳自己，处理好跟自己的关系

小齐的妈妈是政府机关单位的一名普通科员，爸爸开店做生意，每天早出晚归，夫妻俩没有太多的时间沟通和交流。

妈妈坦言，只要读初三的小齐不休学就好，她不会再像以前一样严格地管他了。

小齐在小学时比较懂事、听话，成绩也不错。

当小齐的表现让妈妈不满意时，比如因作业本忘记带导致作业没有交，被老师批评时，或和同学玩闹不小心把同学脚踢伤时，妈妈通常不问缘由，直接朝小齐发火。

妈妈对小齐的学业成绩要求很高，只要没有达到自己期望的分数就会情绪失控，歇斯底里。

进入初中后，小齐成绩有所下降，在社交方面也遇到困扰，感觉被同学孤立了。妈妈苦口婆心地劝小齐：不要管其他同学对你如何，只要你继续努力，学习成绩赶上去就可以了。

几经努力，小齐的成绩仍不见起色。

妈妈因为小齐在学业上遇到的挫折而感到焦虑，这又导致小齐的压力进一步加大，产生消极情绪，对学习有些失去兴趣。

初二下学期，期中考试小齐排名后退，妈妈又情绪失控，骂小齐没有出息、笨。小齐大哭一场，说自己不想去读书了。

妈妈慌了，但还是有些强势地对小齐提出这样或那样的"改善"做法：如每天早起先在家里读书、每天作业写好后都要给她检查、字要写端正等，但真正实施起来又很困难，感觉都是她说一下，小齐动一下，效果不好。

之后，小齐总会借口身体不舒服不去学校，妈妈也带小齐去医院做了各种检查，但没有发现异常。

此时妈妈也很崩溃，真怕孩子会发展到休学的地步。

在我的工作室里，妈妈说到孩子的情况，表情也逐渐变得凝重，突然间，她情不自禁地将双手重重地拍在了自己的胸口上，仿佛那里的压抑感已经达到了顶点，急需一个出口来释放。

这也揭示了她内心的挣扎与痛苦，像是一种无声的呐喊，渴望被听见、被理解。

妈妈说自己从小就是个自卑的人，朋友圈很小，平时除了上班就是和家人待在一起。尽管在他人眼中，她工作表现出色，但实际上非常缺乏自信，长期打压自己，忽视自己的优点。比如为了给大家一个好的印象，得到他人的认同和支持，她总是刻意迎合他人。同事有时叫她帮忙，她都表现得很乐意，哪怕心里有委屈都不会显露出来。时间久了，同事都习惯叫她帮这帮那，甚至有些同事觉得这些是她应该做的事，对她没有表示出任何谢意，她觉得自己没有存在感。

妈妈说自己在小学五年级的一次期末考试中，因为偷看，被老师抓住了，不但全校通报批评，还被家长狠狠骂了一顿。之后的几年，家长时常提起这件事来刺激她，叫她要好好学习。

从此，妈妈感觉没脸见老师、同学，自己就像个罪人……这件事一直是她心里过不去的一个坎，导致她在情感、认知和行为上常常出现消极的状态。妈妈能把这件事说出来，说明她准备走出这件事给她带来的困扰。

弗洛伊德认为，一些习惯否定自己的人，其实是本我与自我的冲突引起的。本我是现实的状态，会有失败和不足，而自我是理想的状态，很多事情都很好，甚至是完美的。当本我与自我差距大时，就容易让自己陷入否定中，感觉自己什么事情都做不好，得不到大家的肯定、重视。

之后，妈妈慢慢尊重自己的感受，也看到了自己的不足，同时有些事该拒绝就拒绝，让自己有掌控感。例如，有位同事让她整理一份文件。她心里想："其实这并不是我的事。一个星期前我已经帮你整理过类似的资料了！"她便以友好的态度对同事说："你可以自己重新整理一下上次的资料啊！"同事回答："当时手机容量不够，用完就删了！"她感到非常不舒服，心里嘀咕："难道你不能备份一下吗？"

按照以前的处理方式，她可能会委屈自己再次整理文件并发给同事。然后，将这种不舒服的感觉带回家，发泄在孩子身上。但这次，她鼓起勇气说："我也有很多自己的事情要做！真的没有那么多时间和精力。这样吧，我会再发一份我上次整理过的资料给你，你自己来整理，可以吗？"

同事接受了这个提议。这个过程中妈妈也有些焦虑，担心同事对她印象不好。但她也明白，即使她真的再认真帮同事整理好一份资料，同事也未必会觉得她很好，甚至可能已经习惯了她处理这些类似事情的方式。

这是妈妈在工作中少有的"敢于冒险"，跟随内心，不委屈自己的做法。

那天晚上，妈妈回到家后，以一种"惊魂未定"的心情与丈夫分享了今天在单位的经历。丈夫耐心倾听她的故事，并支持她的做法，鼓励她继续坚持。妈妈感到难得的放松和愉悦。尽管如此，到了睡前，她仍然会因为白天与同事的交流感到不安，担心同事对她的印象不好而难以入眠。她开始思考第二天上班时该如何积极应对。

第二天，她惊喜地发现，同事并没有因昨天的事情产生不友好的反应。相反，同事微笑着对她说："谢谢！"

经过几次类似的事情后，妈妈逐渐意识到，大多数情况下，人们其实都是能够互相理解和体谅的。能够保护自己的，往往是自己的选择；同样，能够真正伤害自己的，也是自己的选择。

慢慢地，妈妈对待小齐的态度有了很大的改善。比如，当她看到小齐疲惫不堪地回到家时，以前她可能会一下子就生气："你怎么这样有气无力的？看你这个样子！"

但现在，她发自内心地、开心地对小齐说："回来了！肚子饿了吗？要不要吃点东西？"虽然小齐只是淡淡回应："不用。"

她还是积极回应小齐："那晚上早点睡觉吧！"

其实，她本还想如之前一样说些"学习要努力"之类的话，后来想想没必要，小齐学习了一天，也累了，不要再说之前的那些话了。

这让我想到另一个男孩顾睿和他的妈妈。顾睿刚开始找我咨询时在普通高中读高一。他说学校像监狱，每天都在学习，他想休学，但妈妈不同意，还被妈妈狠狠骂了一顿。妈妈说，如果真的要休学，就在家里自学，一样要好好做题目！

顾睿说，如果这样，那还不如待在学校里，就煎熬着吧！

后来，顾睿又和妈妈提出，能不能转学到职高？

顾睿再次被妈妈责备："读不起书的人才去读职高，你丢不丢脸啊？"

后来顾睿待在学校里也不学习，就这么耗费着时光……

顾睿读高二时，妈妈发现他的左手臂有一条条的瘢痕，那是他自己用小刀划的。旧疤和新伤叠加在一起，密密麻麻一大片。

妈妈哭着说："只要孩子不伤害自己，想去读职高就去读职高吧!"

但孩子这个时候职高也不想读了，后来便休学了。

顾睿休学后，和妈妈在家的冲突更大了。

顾睿的爸爸脾气也不好，动不动就朝家人发火，一家人真的像生活在水深火热中……

在这两个案例中，两位妈妈都问了我类似的问题:

"孩子怎么变成这样了?"

"我又怎么了? 我到底要怎么做?"

其实不少孩子不单单是因为自身的心理或行为出现了问题，他们背后的亲子关系、家庭和学校环境等各种因素往往交织在一起，纠缠不清。亲子关系中，尤其是家长，要先处理好自己跟自己的关系。

很多家长有追求完美的倾向。比如作为家庭主妇的顾睿妈妈，曾幻想顾睿能考上北大或清华，就算考不上，也能读浙大，自己未来可以住在别墅中。这个想法被顾睿说成: 妈妈是神经病!

顾睿妈妈却感到非常委屈: 我希望孩子优秀、成才，难道有错吗?

说起自己的成长经历，顾睿妈妈心痛不已。因为自己从小不努力学习，感觉总是被很多人瞧不起，幸运的是自己家庭条件好，能够把孩子送到最好的学校读书。可没想到孩子不领情，总是跟她对着干。她很伤心难过!

我和顾睿妈妈强调:"你这么做，也是在保护自己和孩子!

你曾经因不努力学习有过受伤的经历，所以希望孩子不再经历你经历过的那些不愉快！"

慢慢地，顾睿妈妈打开了心扉，承认自己对顾睿的要求确实太高了，比如不准孩子玩手机，可自己却是大部分时间都拿着手机看看、玩玩；自己以前读书时，考试成绩总是一塌糊涂，却要求顾睿一定要考到多少分以上；孩子写完作业，想放松看电视时，总被自己催着再去看看书或睡觉，反观自己，到现在甚至为了追剧还会熬夜，以前是防爸妈，现在是防老公等。

"如果那个时候，我的爸爸妈妈也这么要求我，我不疯才怪呢！"讲到这句话时，顾睿妈妈无奈地笑了。自己确实也有很多不完美的地方，比如一直担心自己不优秀，害怕被他人瞧不起；小时候还搞恶作剧欺负同学；现在看到别人的孩子成绩优秀就羡慕、嫉妒，甚至感觉在他们面前抬不起头等。

之前，顾睿妈妈对顾睿找我做心理辅导非常反感，她觉得孩子没有问题，就是矫情、偷懒、学习压力大而已。现在想想，其实也是自己不敢面对内心深处的创伤。

生活中哪有完美的人？就像英国作家J.K.罗琳（J. K.Rowling）所著的系列魔幻小说哈利·波特中哈利·波特的爸爸詹姆，我刚开始一直以为他是个大英雄，是个很完美的人物，但随着剧情的深入，读者会发现詹姆一度骄傲自大，甚至有些霸道，做事也常常粗心大意。哈利·波特的母亲莉莉曾经很反感詹姆的这些行为。然而，随着时间的推移，詹姆逐渐意识到了自己的问题，并开始努力改正。最终，莉莉被詹姆的决心和改变打动，嫁给了他。

所以，问题会一直在，除非你选择改变。作为家长，我们也要看到自身的不足，了解不足背后的原因，能改善就改善，真改不了那也要懂得与自己和解。当我们内在的问题得以解决时，我们才能改善自己与自己的关系以及自己和他人的关系，否则会制造出更多的问题。

接纳自我，处理好与自己的关系，与自己和解，是实现内心平和的重要一步。唯有真正地爱护自己、处理好与自己的关系，才能以积极的态度对待周围的人和事。最终，我们会达到一种既与自己和谐相处，又能与他人和睦共处的良好状态，让生活充满美好与和谐。

夫妻关系是家庭第一关系

我读初一的女儿早上打电话给她妈妈，哭着说她觉得自己很不开心，得了抑郁症，叫妈妈带她去医院看看，这种情况怎么办？孩子在读的民办初中不一定有心理咨询室。

十几年来，我的丈母娘不希望看到女儿女婿关系好、家庭建设好，总是在她女儿面前挑拨是非。

我很累，无法和老婆沟通，两个人的想法、目标、追求完全不在一个档次；我老婆不会搞卫生、不会烧饭、不会持家理财、不会经营生活，人生追求就是一天三顿有饭吃、晚上有个地方睡觉！而我呢，想过更好的生活，买更好的房子，从事更好的工作。之前，我们离过婚，但为了孩子又复婚了。

为了改善居住条件，我新买了套房子，开始装修，想一家人以后住新房。但她一点儿都不支持，对所有的事都不闻不问。

这是福建的一位家长（父亲）在向我求助，后来他的孩子断断续续地不去上学了，到了初二就彻底蛰居在家。他们夫妻关系不好，孩子长期生活在气氛紧张的家庭环境中，会出现抑郁、焦虑等问题，甚至还可能出现一些极端的情绪。

后来妈妈带着读初二的女儿来找我。

妈妈坦言，在孩子出生后不久，就与当时当快递员的丈夫离婚了,孩子跟着爷爷奶奶长大。爷爷奶奶的教育方法比较传统,对孩子的关怀也不够,只要她吃饱穿暖就好。孩子身边也没什么玩伴,独处的时候居多。在孩子读幼儿园大班时,他们复婚了。之后,孩子开始跟着爸爸妈妈生活。

和孩子生活的这段时间,妈妈感到身心俱疲,仿佛被孩子的种种行为折腾得无计可施。

妈妈表示,孩子智商高但情商低,脾气十分火爆,在她的世界里似乎只有她是对的,不允许他人有任何不同意见。

孩子读幼儿园时,不让妈妈接,到现在也没和妈妈一起睡过。一年级的时候,孩子经常与同学发生争执。每当情绪不佳时,就会站在教室里目中无人地吵闹,导致课堂教学无法正常进行。对此,班主任也感到有些无奈,只能每次孩子惹出麻烦,就要求家长把她带回家。回到家后,孩子一声不吭,就算妈妈狠狠地骂她、打她,也不和妈妈交流。多次这样的循环让妈妈备感疲惫。

我和孩子面对面沟通时,鼓励她自由表达自己的想法和经历。孩子用稚嫩的声音讲的第一件事是:"我昨天在老家,把树上虫子的家给拆了。"她的话语中透露出一种无所谓。接着,她继续说道:"我还踩死了一只毛毛虫,内脏都爆出来了,我把它送给了蚂蚁。"

我听孩子妈妈讲的这些略感惊讶。然而,一想到她的家庭背景,之前也一直没有父母陪伴,她只能依靠自己探索世界,似乎这一切又有些合情合理。比如,她拆了虫子的家,或许在潜意识深处,是对曾经父母离异,自己未能拥有一个完整家庭的宣泄。这种缺失感和内心的孤独让她在无意识中做出了伤害无辜的行为。她渴望一个温暖而完整的家，却因曾经的阴影而感到无助，只能通过这种方式来表达自己的痛苦与不满。实际上，这反映了她内心深处对爱与归属感的强烈渴望。

尽管爸爸妈妈当时已经复婚，但曾经的家庭破裂给孩子心灵上留下的创伤并未完全愈合，这种深层次的情感伤害仍然在影响着孩子的内心世界，使得她还需要一些时间才能走出过去留下的阴影。

因此孩子的某些言行实际上是在表达内心的困惑、不安和挣扎，这背后隐藏着复杂而微妙的情感纠葛。因此，面对孩子的这些行为，家长需要给予更多的理解和耐心，用关爱和支持去引导他们，而非简单地采取打骂的方式"压制"问题。

良好的氛围是一个家庭最好的风水。夫妻关系高于我们与父母的关系，也高于我们与孩子的关系。家庭关系中夫妻关系应该排在第一位。如果当初夫妻关系好没有离婚，孩子自然而然会生活在一个充满爱与支持的环境中，也就不会出现现在这样的情况了……

妈妈也表示，夫妻俩过去的行为确实给孩子带来了很大负面影响。现在她想修复跟孩子的关系。我鼓励妈妈尽量在理解孩子言行的同时，更重要的是处理好夫妻关系。

说到夫妻关系，妈妈坦言以前有些瞧不起孩子的爸爸，因为自己的家境比他好，房子也是自己家给买的，导致她在家里有些强势，同时刚结婚时丈夫也还不太成熟。

而在外工作的丈夫总是觉得她不懂事、不会搞卫生、不会烧饭，甚至认为她对他的工作缺乏足够的关心和支持。每当丈夫回家时，看到她坐在沙发上刷手机，便会忍不住抱怨几句："你还真爽，有手机看着，就不会学点有用的东西吗？"这种否定她的说法，让她感到既委屈又愤怒，觉得自己已经为家付出了那么多，却仍然得不到认可。

一次又一次的争吵，让两人的关系逐渐变得紧张。每当丈夫批评她时，她都会据理力争，试图证明自己的价值：自己为孩子、为家庭付出了很多！然而，这反而加剧了矛盾，使得两人的沟通越来越少，最终只剩下沉默，夫妻生活也随之减少，争吵中还会因为孩子的哭闹而让一切变得更糟。

随着时间的推移，这种日复一日的冲突不仅影响了夫妻之间的感情，也让原本充满爱意的家庭变得冷漠。

丈夫那时喜欢赌博，宣泄情绪的方式就是赌，有次输了不少钱，两人都在气头上，冲动之下，就离婚了。

离婚的那几年，他们开始反思自己的生活方式和选择，也逐渐意识到，彼此之间的感情其实并未真正消失，只是因为生活中诸多无法相互理解的细节，导致了种种问题的产生。在经历了长时间的思考与沟通之后，他们决定放下过往的矛盾，在家人的撮合下，他们复婚了。

复婚后，夫妻俩将情感聚焦在孩子身上，因孩子现在的状况发生过多次激烈的争吵，觉得都是对方以前或现在做得不对，才导致孩子出现问题。夫妻俩忽略了彼此间的情感交流。

我在许多家庭中观察到过这样的现象：有些妈妈与孩子保持着极为亲密的关系，而对孩子爸爸的态度则充满了无视和不满。爸爸不经常陪伴孩子，同时也不是很理解孩子，不像有些爸爸将孩子视为掌上明珠。而且，爸爸还会频繁地批评妈妈在育儿过程中的种种不足。这种现象导致夫妻间的沟通变得单一化，仿佛有了孩子后，他们之间的关系更多地被定义为育儿"互助"的角色，而非伴侣。

更为复杂的是，随着祖辈们的加入，这种"互助"关系进一步扩大。老一辈人往往带着自己独特的育儿经验和观念，试图在家庭中扮演指导者的角色。于是，在这样的家庭环境中，很难看到夫妻之间真正互相理解和关爱，因为他们的关注点几乎完全集中在孩子身上了。孩子似乎成为了连接所有人的唯一纽带。然而，这种表面上看似紧密的关系背后，却是缺乏深层次情感交流和相互理解的空间。

夫妻双方以及祖辈们或许都在努力为孩子提供最好的成长环境，但这种以牺牲个人情感交流为代价的做法，是否真的有利于孩子的健康成长呢？

德国心理治疗师伯特·海灵格在《家庭系统排列》中提出，在一个家庭中，夫妻关系应当是首要的关系，其次才是亲子关系。

海灵格的观点强调，夫妻关系是家庭的核心，与其他家庭成员的关系相比，夫妻关系应当处在优先级，获得更多的重视。也就是说将夫妻关系置于首位的家庭通常更幸福，反之则易产生矛盾。

我也跟妈妈建议：你们要先处理好夫妻间的关系。夫妻关系好了，孩子的言行在无形中很可能会得到改善。

两年后的一个偶然机会，我再次遇到了妈妈。她高兴地告诉我，他们夫妻关系比以前和睦多了，孩子变得比以前亲近她了，甚至会在她面前撒娇，虽然有时候还是会有些距离。

妈妈说后来她开始有意识地每天抽出时间阅读书籍，进行体育锻炼以及静心冥想，以此来修身养性，为自己注入正能量。在日常生活中，她也经常不厌其烦地在丈夫耳边提醒：强调夫妻间应该多沟通交流，共同营造和谐的家庭氛围。

慢慢地，夫妻俩学会了如何在日常的琐碎中寻找快乐，如何用理解和包容化解彼此间的分歧。慢慢地，他们在这个过程中找到了属于自己的幸福：一种简单却真实、温馨且持久的情感状态。

这份良好状态源于他们对生活的重新认识和对彼此更深一层的理解，以及共同面对困难时所展现出的坚韧与勇气。通过不断地努力与磨合，他们终于在平凡的日子里创造出了不平凡的意义。孩子跟着他们状态也慢慢好转起来。

这让我想到，一个高二的学生在谈及自己的父母时，脸上不禁流露出幸福的微笑。在和我沟通的过程中，他回忆起一段温馨的家庭往事，那是他与姐姐还小的时候，一次节日的晚餐。那天，母亲精心准备了一桌丰盛的食物与饮品，家里处处弥漫着节日的喜悦。就在大家都沉浸在美食与欢笑之中时，父母之间发生的一幕令人难以忘怀。他们深情地对视，眼神充满爱意，然后举起了酒杯，轻轻地碰在一起……这一举动虽然简单，却传递出一种深沉而真挚的情感。他与姐姐立刻意识到了什么，马上兴奋地跑回了自己的房间，但心中满是温暖与幸福。那一刻，一家人都被这份情感感染，放声大笑起来。

笑声中，既有对美好时光的珍惜，也有对父母之间深厚感情的认同与羡慕。这段记忆深深地烙印在这个学生的心中，不仅让他感受到了家庭的温暖，更让他明白了什么是真正的爱与尊重。这种由内而外散发出来的幸福感，无疑是他父母之间那份深厚情感的最好证明，也成了他内心最珍贵的记忆之一。

父母之间的情感互动对孩子有着深远的影响。一个充满爱意与尊重的家庭环境，能够培养出更加健康、自信的孩子。因此，维护好夫妻关系，不仅是对自己负责，更是为下一代打造一个更加美好的成长空间。

⌄⌄

情绪稳定，是妈妈送给孩子最好的礼物

"老师，老师，顶楼上有个人，他要跳下来了，有人要跳楼了！"转身一看，高高的教学楼五楼围栏上斜坐着一个人，随着大家的惊呼声，那人摇晃了几下，好像在调整位置。短短几秒钟，随着一楼学生的阵阵惊呼声，聚集的孩子越来越多，来不及多想，我一边打电话给总值日王校，一边和林校快速往顶楼阳台跑。其他班子成员和该男生的班主任洪老师以及上完第四节课的陈老师也闻讯赶来，用短短的几秒钟了解了情况：小东，六年级，不知什么原因在第四节课上借口上厕所却一直没回来，没想到他会坐在顶楼阳台的围栏上。凑巧三年前我和林校都教过这名男生，怕刺激他引发过激行为，其他人员退到了走廊里，我和林校留在阳台上。观察了四周的情形，我悄悄问林校："要报警吗？"林校说已经联系家长了，再等等看。我们尝试了几次想靠近，但只要我们走近一点儿，男孩的左腿就抬高作势要跳。我们马上说："不过去了，我们不逼你，也不催你。"只是让这个孩子慢慢把两条腿放到围栏内侧，提醒他手要扶稳，如果摔倒了很危险、很痛。

林校说："今天日头那么大，你没吃午饭，长时间坐在高处会头晕。"建议小东先喝口水缓一缓，于是拿了一瓶矿泉水扔到

男生脚下。我知道林校是想让男生自己下来拿水，但也预测到小东不会下来。经过我们的持续喊话，小东的情绪明显没有一开始那么激动了，抵触性和戒备心也少了。此时，我一边叫他的名字，一边和他说话："小东，你还记得我在班级里对你们说的话吗？你们一天是我的学生，那就一辈子都是我的孩子。今天无论是和谁发生了不愉快的事情，不管是同学还是老师，我都跟你统一战线，无条件支持你。你先下来，有什么委屈和我说，别让你妈妈和老师担心，好吗？"

趁他犹豫松懈的一刹那，我张开双臂向前抱住他的腰，让他顺势滑到地面，林校也马上上前护住了男生的另一侧。我感受着怀中瑟瑟发抖的小身躯，看着他憋得通红的脸蛋和大滴大滴滑落的泪珠，心里五味杂陈，也心有余悸。我们安抚着他来到办公室，我抬头看看窗户，应该是安全的，别的男老师都退了出去，并关上了门。

男生坐在沙发上，依旧泪流满面，我默默地递了三次纸巾，他不停地擦眼泪。等他情绪平稳一些，我试探性地握了握他冰凉的小手，他没有抗拒。看他还是满脸通红，我给他松了松校服拉链领口，提议他再喝几口水，他也听话地喝了，但仍不愿意开口。

我问他："发生了什么事？"

小东的眼泪还是止不住地往下流，嘴唇发抖，几分钟后，说了两个字："妈妈。"

以上节选自一位心理健康教育老师的学校危机处理日记，小东是他的学生，事后我介入了处理。

　　小东是单亲家庭长大的孩子，还有个哥哥，爸爸在他读幼儿园时因车祸意外去世。此时家庭本应该团结一致面对悲痛和失落，但爷爷奶奶都怕小东的妈妈以后改嫁，把财产带走，想尽办法为孩子妈妈"代管"财产，三个姑姑也都帮着爷爷奶奶。

　　原本作为家庭主妇的妈妈，在经历了从衣食无忧到突然失去丈夫的悲痛之后，不但要承担起家庭经济支柱的重任，同时还要照料孩子们的日常起居。更令人头疼的是，妈妈还要面对来自大家庭内部关于财产分配的纷争与矛盾，这些都让她的处境变得更加艰难。

　　孩子爸爸的去世，亲人的钩心斗角，让妈妈心如刀割，伤心欲绝。在孩子爸爸去世半年后，妈妈的情绪开始不稳定，有时一说起离世的爸爸就会大哭大骂：

　　"你们这个'没良心'的爸爸！都不要我们了！"

　　"干吗不一起把我们都带走啊？"

　　一说起爷爷、奶奶、姑姑、叔叔，妈妈更加愤怒，一把鼻涕一把眼泪地哭诉着：

　　"这些人都太坏了！巴不得我死啊！"

　　"他们都不相信，只有靠菩萨保佑我们了！"

　　另外，妈妈把希望都寄托在两个孩子身上，期待兄弟俩学习更好，替她争气。一旦成绩下降，妈妈立刻开骂：

　　"傻不傻啊！才考这么点分数！"

　　"我们都一起死掉好了，学什么学啊！"

　　……

　　小学三年级时，小东有一次没考好。看到小东的试卷时妈妈正和几个邻居说笑，就没做什么评价。小东放下心来，感觉这次妈妈不会生气。邻居走后，妈妈突然一边哭，一边骂，还拉他过来按住，用手狠狠地打他屁股，怪他不争气，并且越打越凶，似乎要把心中的怒火全部发泄出来。几分钟后，她打累了，才停下来。小东被妈妈的言行吓住了，浑身发抖，感觉身上被打得很疼，就只能"哇哇"大哭。打完、骂完后，妈妈也是身心俱疲，不断掉眼泪。这个场景，小东印象深刻，也一直对妈妈有怨气，意识到妈妈平时在外人面前总是笑脸应对，在他面前总是负面情绪满满。

小学五年级时，班级里开始传他家里的一些事，说他妈妈是神经病。自尊心强的小东就跟同学争吵，情绪激动之下甚至动手打了对方，把同学鼻子都打出血来了。班主任当时并没有详细了解事情的前因后果，只是简单地认为是小东先动手，便断定他不对。随后，班主任还通知了小东的妈妈，并将她叫到了学校。

回到家后，妈妈不分青红皂白对小东又骂又打，这让孩子进一步受到了伤害。小东默默地流泪，他怕妈妈知道原因会更难过，就一直没说。

此后，小东一直很难静下心学习，上课时也会不由自主地往窗外看，被老师点名了好几次，性格也越来越内向，不爱讲话。

在学校里，他越来越孤僻，朋友也越来越少。虽然学习很努力，但成绩很不稳定，时好时坏。小东也不太相信身边的同学、老师，独处的时候比较多。

昨天，期中考试后发试卷，妈妈知道他成绩没有达到预期，回家后又开始发飙。小东实在受不了，认为还不如死了算了。

于是出现了开头的一幕。

妈妈的情绪是孩子心理发展的一面镜子。

母亲的情绪如同空气般浸润着孩子的成长空间。哈佛大学儿童发展中心研究发现，婴儿出生后18个月内，母亲的情绪状态会直接影响孩子大脑杏仁核与前额叶皮质的发育轨迹，这种影响将伴随孩子一生。

在安全感构建层面，母亲是孩子最初的安全岛。如果母亲能保持稳定的情绪状态，孩子就会形成安全型依恋模式。心理学实验显示，这类孩子在陌生情境测试中，能自如地探索环境，遇到挫折时能主动寻求安慰。反之，母亲频繁地情绪失控会让孩子持续处于警戒状态，形成回避型或矛盾型依恋。

镜像神经元系统让婴幼儿成为天生的情绪接收器。6个月大的婴儿就能准确识别母亲面部表情的细微变化，并在30秒内出现相应的生理反应。当母亲长期处于焦虑状态时，孩子尿液中的皮质醇水平会升高36%，这种压力激素的持续分泌将损伤海马体神经元，影响记忆与学习能力发展。

情绪调节能力的培养始于母婴互动。神经科学证实，当母亲用温和的语调安抚哭闹的婴儿时，孩子前额叶皮层的血氧水平会在90秒内趋于平稳。这种重复的"情绪校准"过程，能够帮助儿童逐步建立自主调节情绪的生物反馈机制。

母亲不必苛求完美，但需要保持警觉。每天15分钟的正念呼吸练习能使母亲的情绪调节能力提升40%。家庭成员的支持同样关键，父亲的参与能分担母亲37%的情绪压力。社会应当建立更完善的家庭支持系统，让母亲的情绪健康获得更多保障。

儿童心理发展像精密的水晶球，母亲的每次情绪波动都会在其中留下投影。当我们用理解与支持代替对母亲的苛责时，整个社会才能真正为孩子的健康成长撑起保护伞。

成年人的世界中，难免会出现情绪不稳定的情况。孩子成长中，难免要面对父母的不稳定情绪。孩子如果总是和情绪不稳定的父母相处，那孩子的情绪、认知和人格很可能会发生偏差。

情绪稳定的人并非天生如此，他们通常经历过情绪的波动与不稳定。通过这些经历，他们的领悟能力和复原能力得到了增强。正是由于曾经的挣扎与伤痛，他们更懂得如何妥善处理各种情况，并找到最佳的应对之道。

情绪稳定并不代表没有情绪，而是妈妈要学会合理释放和宣泄情绪。社会心理学中的"霍桑效应"也被称为"宣泄效应"，告诉我们：对于那些引发负面情绪的人或事，我们不应该压抑它们，而是应该在适当的场合和地点释放和宣泄出来。

真正的"高手"是不会被情绪左右的，他们仿佛达到了一种"无情绪"的状态。当然，"高手"心中有一个目标，那就是解决问题，如果一时无法解决，他们会寻找新的方法再次尝试，但绝不会总被情绪左右。这样的想法在我脑海中留下了深刻的印记。

弱者容易被愤怒所困，强者则能够保持内心的宁静，也就是说真正有实力的人会掌控自己的情绪。因为情绪就像心魔一样，如果不加以控制就会逐渐吞噬你。

仔细观察我们的周遭，会发现那些动辄发怒的人没有一个是智者，甚至他们的生活已经过得一团糟。

情绪稳定是个人修养的最高境界，一个情绪稳定的人背后，是实力也是格局。这样的状态，对妈妈自身而言是一种幸福，而对孩子来说是一份无价的礼物。情绪稳定的妈妈能够让孩子在充满爱与安宁的环境中成长。

❯❯

先有能量后有爱，爱才有营养

今天又是一个疲惫的日子。38岁的我，感觉生活就像一场没有尽头的马拉松，每一步都那么沉重。

早上，我和老公又因为孩子的教育问题吵了起来。他总是觉得我管得太细，我却觉得他根本不在乎孩子的未来。婆婆在旁边插嘴，说我是"事儿妈"，我忍不住顶了回去，气氛瞬间降到冰点。中午，孩子闷闷不乐，一句话也不说，我知道他又被我们的争吵吓到了。

工作上也不顺利，项目进度拖沓，老板的脸色越来越难看。我努力想把事情做好，可精力总是不够用。回到家，婆婆又开始唠叨，说我没有把家务做好。我忍不住大喊："你们能不能让我安静一会儿！"孩子吓得躲进了房间，我看着他小小的背影，心里一阵刺痛。

晚上，我坐在沙发上，看着窗外的灯火，突然觉得好累。我到底做错了什么？为什么生活总是这么难？我多希望能有一个人理解我，哪怕只是一句安慰的话，也好过这无尽的争吵和冷漠。

这是林忆在自己电脑中的心事记录，每当有烦恼她就记录，这是她读高中时就有的习惯。

　　林忆说自己从小就在一个充满矛盾与紧张气氛的家庭环境中长大，父母之间无休止的争执让她幼小的心灵承受了巨大的压力。为了让父母能好好相处，当时还在读小学的她，就跑到自己房间的窗口威胁父母，如果他们再吵就跳下去。她感觉父母很少给予自己心灵上的关怀。

　　读初中时的林忆从来没有认真投入书本中过，与同学的交流往往围绕着那些无关学业的话题，比如谁恋爱了、谁长得好看、周末去哪里玩……

　　在这种环境的影响下，林忆渐渐失去学习的动力，学业成绩中等偏下，后来读了中专，又侥幸考上了大专。当时，她专门选了一个离家很远的地方读大专。

　　毕业后，她嫁给了一个家在大学所在地的同班同学。老公像是命运给她的馈赠，成为她逃离原生家庭的依靠。她想重新开始一段充满希望的新生活。

　　在新的家庭中，夫妻俩与公婆住在一起。老公和公公白天大部分时间投身于自家公司的商业运营。家中的厨房则成了婆婆的舞台，而她主要在家带孩子。

　　尽管家庭生活很平静，但缺乏安全感的她却时刻克制，尽量避免与长辈产生摩擦和流露出微妙情绪。比如，早上她渴望慵懒地赖赖床，但婆婆的催促声总会打断她的美梦："都已经这么晚了，还不起床？"尽管她万般不愿，但只要没有特殊情况，仍会迅速起床，脸上挂着微笑，但那笑容背后却隐藏着一丝无奈。

　　孩子的世界还是以奶瓶和玩具为主旋律时，婆婆就坚持让她每天先喂饱孩子再自己吃饭。她从未反驳，每次都默默遵循，但心底深处却泛起一丝酸楚，仿佛失去了生活的自主权。

林忆发现自己总是在顺应着婆婆的意愿和期待做事情。时间久了，婆婆似乎对她有种似有若无的轻视，语气中也透露出不耐烦。私下里，她对这种状态感到困扰，明明想要的是更深入的情感交流，但却只能在表面维持和谐。

林忆渐渐感到没有娘家人的支持，在婆家很委屈，又觉得自己在婆家没有什么能力，所以总是战战兢兢，生怕哪里做得不好了，让大家不舒服。随着时间的流逝，林忆的心灵负荷日益加重，又无处发泄，只能憋在心里。有一天，只有她和四岁的孩子独处时，她突然失控，疯狂地向孩子发泄情绪。虽然现在也记不起当时发生了什么事，不过可以肯定的是只是一件微不足道的小事就让她瞬间失去了理智，只会对孩子厉声责骂。那一刻，她感觉对不起孩子，也觉察到内心的脆弱和自卑，以及对现状的无力感。

同丈夫的关系，林忆也觉得似乎没有刚结婚时那么好了，两人之间慢慢有了些矛盾，但她又不敢和丈夫吵，总是压抑着内心真实的想法。

林忆感觉自己被困在一个无形的框架里，她试图通过扮演"好人"的角色来弥补自我认同的缺失，但这种牺牲往往只是短暂的表面平静，内在的焦虑和疲惫却在不断增加。

林忆在向我讲述这些令她内心极度崩溃的事情时，终于无法抑制自己的情绪，放声大哭起来。待林忆平静下来后，她开始反思，意识到每个人其实都有权利活出真实的自我，先有能量后有爱，爱才有营养，而不是仅仅为了满足他人的期待。

在之后的几次沟通中，林忆也进一步向我敞开了她的心扉。她说有一次她的婆婆生病住院了，也都是她在尽心尽力地照顾。婆婆出院后，她也在细心地照顾着。亲戚都夸婆婆找了个好媳妇，但是只有她们俩知道，她们之前在相处中，有一段时间非常别扭。比如在医院里，她好像每天都是机械似的，当医生来检查时，她乖乖地站在病床旁边聆听；当婆婆要上卫生间时，她马上扶着婆婆去；到了吃饭时间，她赶紧去医院走廊里把饭菜取过来；等等。回到家后，她也是很机械地做着类似的事。这主要是她们之间的心灵距离并没有因此拉近，反而形成了一种表面的和谐与内心的隔阂，这是一种没有爱的流动，缺乏深层次的情感交流。

这种疏离并非源自单方面的冷漠，而是双方情感互动的缺失。对于林忆而言，她将婆婆视作家庭的一部分，但情感上的亲近与理解并未随之深化。因此，她尊重并履行着作为儿媳的责任，对婆婆的日常生活也给予了无微不至的关怀。她对待婆婆的态度，更多的是出于道德义务和社会期待，而非发自内心的亲情纽带或出于内心深处的爱意，还有个很重要的原因是林忆原生家庭对她的影响，也使她在婆婆面前不知道如何感受、表达爱。

理解了这些后，林忆也试图去填补这份空白，希望在情感上和婆婆有更深的交流。有一次婆婆强忍泪水，讲到自己曾经的受伤经历被邻居讲出来嘲笑，感到很痛苦，林忆安慰婆婆：

随意嘲笑别人的伤疤，就是将他人的伤痛作为自己的谈资，这是对他人的冒犯和不尊重。别人没有经历过你的苦难，没有感受过那份痛苦的煎熬，所以无法理解你瘢痕背后的苦。他们的嘲笑，肯定会刺痛你的内心，唤起你不愿回首的痛苦记忆。他们这样做是不妥当的。

但我们也不用太在意他们，或许他们就是有些不安好心，故意刺激你。你不开心了，他们可能更开心呢！所以，我们过好自己的生活，自己开开心心就好！

婆婆听她这么讲，忍不住抱了抱她，她则顺势拍拍婆婆的肩膀。这是她和婆婆情感旅程中的一次重要转折，给她带来了新的能量和爱。同时，通过这件事，她进一步明白尊重每个人隐私的重要性，正如她自己的生活经历一样，每一处瘢痕都是一份值得尊重的生活教诲。我们只有真正理解和尊重他人的伤痕，才能更好地理解和接纳自己，以及身边的人。

对于孩子，林忆也感到因自己的改变而跟孩子的关系在无形中亲密了许多。当下，林忆的孩子已经步入初中阶段，开始了住校生活，她的日常生活也随之发生了微妙的变化。林忆开始主动参与到老公的公司经营中。

工作之余，她没有忘记提升自我，同时也意识到了身体健康的重要性，开始制订规律的锻炼计划，让身心状态越来越好。这种积极的生活态度当然也给她的家庭带来了积极的影响。随着夫妻间的沟通更加深入，他们不仅在工作上相互支持，生活中也多了份理解和关心。

林忆还慢慢学会了平衡家庭和工作之间的关系，合理安排时间和资源，更关注自己的情绪调整。当她感到疲惫和无力时，会给自己一个释放的机会，比如找人聊聊说说，或一个人静静地发呆，或在泪水中寻找希望、在崩溃中寻找能量等。对她来说，这是一个勇敢而美丽的蜕变，是她从困境中走出来、重新焕发生机的过程。这也是她心理能量越来越强的过程。

心理学家卡尔·荣格指出："心理能量是人格的动力源泉，它驱使个体完成各种心理活动。"也就是说，当一个人的心理能量处于低谷时，便会觉得无论做什么事情都难以提起兴趣和干劲，好像被无形的锁链束缚于消极与沮丧的情绪之中，失去了前行的动力。在这种情况下，如果将所有的心理能量都耗费在自我消耗和内耗上，就无法有足够的精力去应对和解决实际问题，更不用说寻求改变和突破。慢慢地，个人的生活状态便会陷入一种负面循环，陷入困境难以自拔。因此，不断调整状态，保持心理能量的充沛，合理分配和利用心理能量，才能更好地面对生活中的挑战，实现个人的成长和发展，就像蜕变后的林忆这样。

妈妈的能量对孩子的影响非常大。母亲作为孩子生命中的第一能量场域，其精神内核深刻塑造着孩子的生命底色。依恋理论揭示，母婴互动中传递的焦虑或平和会直接写入孩子的潜意识程序，0~3岁形成的"内在工作模式"将主导其未来的人际关系架构。神经科学印证，母亲情绪波动引发的皮质醇浓度变化，能穿透胎盘屏障重构胎儿神经网络。

社会学习理论框架下，母亲是孩子观察世界的棱镜。班杜拉的观察学习实验证明，儿童对母亲情绪策略的镜像神经元激活具有生物学必然性，焦虑的母亲会无意识地培养出过度警觉的杏仁核反应系统。存在主义心理学进一步指出，母亲面对困境时展现的生命姿态将成为孩子应对危机的原始模板。

能量场的交互不以语言为介质，母亲未经疗愈的心理创伤会以躯体化方式在代际间传递。荣格提出的集体无意识理论警示，母亲心灵深处的恐惧与匮乏，可能通过能量纠缠在孩子身上形成强迫型重复。这要求母亲必须完成自我觉察与能量升级，方能切断负向传承链，为孩子构建真正自由的成长维度。

❯❯

看见就是最大的疗愈

看见即疗愈，看见即存在。我的存在是因为被你看见，我存在感的高低取决于被你看见的频率和深度。心理学家温尼科特认为，一个人会不择手段地让这个世界看见自己。

前些日子，江西一名14岁女孩精心做好四菜一汤，色香味俱全。她喊妈妈吃饭，没想到，妈妈却边拍视频边数落女儿："你以为我是要表扬你吗？你中午给我整这么多菜，我们俩怎么吃？"

妈妈的语气里满是嫌弃和指责。因为她觉得，买了两天的菜，却被女儿一顿给烧完了，很浪费。

"女儿做四菜一汤反被骂"事件冲上热搜：为什么有的人总爱扫兴？你身边有爱扫兴的人吗？

很多有过同样经历的人看完纷纷表示：

"这样的父母太扫兴了！"

"女儿那么懂事孝顺，一片心意却被妈妈一句话否定。"

"不做饭说你懒，做了饭又嫌你做得多，怎样都是错。"

"我妈就是这样，我现在当妈了，还是没办法和父母说心里话，也很难对父母有耐心。"

……

很多当了父母的人也觉得这位妈妈的做法欠妥:

"如果是我女儿,我夸奖还来不及呢!"

"不论吃不吃得了,都要好好地肯定,之后有机会再提做饭适量的建议。"

其实,我能理解这位妈妈可能是出于对家庭经济情况的考虑,觉得吃不完太浪费,但表达方式有很多种,为什么要选择最让人扫兴的方式呢?

在女儿做菜过量这件事上,妈妈看到的只是浪费,完全没有看到孩子的厨艺和孝心。这导致女儿特别伤心,也引起了网友极大的共鸣。

一名五年级的男生在"三八"妇女节那天的日记上这样写道:

今天是"三八"妇女节,在今天,我要为她做点事,感谢妈妈每天的辛苦劳动。首先我给妈妈讲了一个小故事,不过妈妈好像不喜欢我讲的故事,一直在看手机,这让我心情大为失落。

我想也许我的祝福更能让妈妈喜欢,于是我对妈妈说了祝福的话,可妈妈依然看着手机,我更加伤心了,我想这个办法也不行。

我来给她捶捶背吧!于是,我卖力地给妈妈捶背,可妈妈还是看手机,脸上没有一丝笑容,我更伤心了。

接下来,我准备给妈妈洗脚。洗脚时,妈妈终于不看手机了!我有一点点开心,于是更加卖力地给妈妈洗脚。洗完了,我希望得到一些称赞。可妈妈严肃地对我说:"今天洗得不错,力度再重一点儿就更好了。"

我呆呆地望着她走出房间，她出门前还没忘说一声："快写作业。"

让我伤心的"三八"妇女节就这样过去了。

这位妈妈也没有看到孩子的孝心和想得到肯定和鼓励的期待。生活中还有很多类似的沟通模式：考试第一名跟家人报喜，却被说"小心下次考砸了，有你哭的"；很用心地给父母准备了礼物，却被指责"我才不要，浪费钱"；兴致勃勃地跟伴侣分享趣事，对方却发来一个冷淡的"哦"字……

为什么他们要扫你的兴呢？我们又该如何跟习惯扫兴的人相处？

初三这一年，是我人生中最艰难的一段时光。学习的压力如山般沉重，压得我喘不过气来。每天清晨，第一缕阳光还未完全照亮房间，我就已经起床，坐在书桌前，开始了一天的学习。我努力地背诵着英语单词，努力地钻研着数学难题，努力地在历史的长河中寻找答案。夜晚，当同学们都已进入梦乡，我还在台灯下奋笔疾书。我告诉自己，只要努力，就一定会有回报，妈妈也一定会看到我的努力。

可是，妈妈却似乎对我的努力视而不见。她总是忙于工作，每天早出晚归，回到家后也只是匆匆地吃一口饭，然后就坐在沙发上，看着手机，一言不发。我试图和她分享我的学习成果，告诉她：我这次考试又进步了，我解决了一道困扰了我很久的难题。然而，她只是淡淡地回应一句："哦，知道了。"然后又继续沉浸在手机的世界里。我的心中充满了失落和委屈，我努力地想要引起她的注意，却发现只是徒劳。

有一次，我在学校的演讲比赛中获得了第一名，兴奋不已，满心期待着回家后能和妈妈分享这个好消息。我想象着妈妈听到后会露出欣慰的笑容，会紧紧地抱住我，为我感到骄傲。然而，当我回到家，把奖状小心翼翼地递到妈妈面前时，她只是看了一眼，然后皱着眉头说："你看看你，衣服都脏成什么样了，还不赶紧去换洗一下！"我的心瞬间凉了半截，所有的兴奋和期待都化为了泡影。我呆呆地站在那里，看着妈妈转身走进房间，留下我一个人站在原地，泪水在眼眶里打转。

我开始怀疑自己的努力是否真的有意义。妈妈的冷漠让我感到心灰意冷，我甚至想要放弃。我告诉自己，既然妈妈看不到我的努力，那我何必还要这么辛苦地去追求什么成绩呢？我开始在学习上懈怠，不再像以前那样认真对待每一堂课，不再像以前那样努力完成每一份作业。我的成绩开始下滑，从班级前列逐渐退到了中游。老师和同学们都对我投来了疑惑的目光，我不敢去看他们，因为我害怕他们会问我为什么。

这是林翔写给同学的一封信。

进入高中后，林翔是住校生，因为之前一直没有被妈妈很好地"看见"，随着时间的推移，周末回家见到妈妈时，他感觉不自在。他避开妈妈的视线，躲进自己的房间。当妈妈突然有什么事想和他说时，他的回应要么冷淡而疏离，要么就是突然情绪爆发，仿佛要把所有的不满都宣泄出来。总之，他看着妈妈，眼神中充满了抵触和不耐烦，那种感觉就像是一堵无形的墙，隔开了他与妈妈之间的情感。

妈妈看到他这个样子，感到很不舒服，会责备他态度不好，不懂得尊重和孝顺长辈。但在林翔看来，是妈妈之前无尽的指责和束缚才导致自己成了现在这样的。他感到自己被困在了一个无形的牢笼中，无法逃脱，再加上学习的压力，他无法找到合适的出口发泄，感觉非常难受。

妈妈总是说他笨，说他什么事情都做不好，让他反思。比如，有一天晚上他和同学去看电影，电影播放中出现了故障，电影院安排他们看另一场。因为结束得比较晚，他到家比原定时间迟了。当时他忘记了和妈妈说明原因。于是，一到家，妈妈便说他故意回家迟，让家里人担心，说他太坏、太自私了。孩子被误解了，感觉自己很委屈。

当时，他听到妈妈这样说自己，都懒得解释，反正感觉无论怎么做，都会被责备。这进一步导致他做事情紧张焦虑，总害怕会做不好。他感觉很痛苦。

在我们大多数人的内心深处，都有未曾被触及的伤，那里可能隐藏着无尽的痛和困惑，就像受伤的"内在小孩"。很多时候我们不知怎么表达，或不知找谁诉说。往往我们面临压力或挫折时，那个受伤的"内在小孩"就会悄然出现，无声地承受着痛苦。此刻，你感受到的困扰和不安，很多时候可能都是这个"内在小孩"的呼喊，他正试图寻找"看见"和"安抚"。

我请林翔轻轻地闭上眼睛，让思绪静下来，做正念冥想练习，试着去感受内在受伤的那个孩子：他可能正蜷缩在某个角落颤抖着，需要你的关爱。当然，也可以想象自己化身为一道温暖的光，穿越时空，温柔地拥抱这个"内在小孩"，告诉他：我在这里，我理解你的不舒服……

　　当林翔睁开眼睛时，感觉平静多了。我告诉他，平时在家里也可以经常这样做。想象中，每一次的拥抱，都是对自己的看见和疗愈。

　　我们每个人都有权去感受，也有能力去看见、去爱自己受伤的"内在小孩"，同时也要给予这个"内在小孩"足够的耐心和信心，就像对待一个好朋友，让他知道，无论何时何地，自己都会在他身边，给他支持与力量。

　　当心灵之光与内在的受伤的孩子相遇时，你会发现，你不再是一个孤独的承受者，而是一个强大的疗愈者。当然，这也是一种看得见的力量，每一次的看见，都是对自己生命力量的唤醒。

看见

伯特·海灵格

当你只注意一个人的行为，你没有看见他；

当你关注一个人行为背后的意图，你开始看见他；

当你关心一个人意图后面的需要和感受，你看见他了。

透过你的心看见另一颗心，

这是一个生命看见另一个生命，

也是生命与生命相遇了，爱就发生了，

爱会开始在心之间流动，喜悦而动人！

这就是因为吸引而幸福！

······

　　这是海灵格的诗《看见》的部分内容，通过这首诗，我们能对"看见"有更加深刻的领悟。

心理学家荣格有一句名言是这么说的：看见即疗愈，看见即存在。我的存在是因为你的看见。我存在感的高低取决于被你看见的频率和深度。这里的看见包括自己对自己的看见，或者重要他人对自己的看见。

被看见过和没被看见过的人，恢复程度是不一样的。家长更要自己看见自己的伤。一个总是情绪波动剧烈的家长，也许其内在就充满了曾经的委屈和创伤，充满了不被理解的痛苦以及渴望被看见的期待。

家长对看见、认同的渴望，也是对自身童年缺失的关注与肯定的弥补。深入了解我接触过的很多家长后发现：他们中的很多人在小时候也渴望被家长看见，而现实却是被忽视的；他们也试图发光发热，现实中却被指责这也不好那也不好。

很多心理研究表明，这样的成长经历可能会在孩子成年后以各种形式影响他的行为模式和情绪管理，当他们成为家长后，也会对自己的孩子挑三拣四。这种行为是对过去被忽视和否定的一种反弹。

总而言之，无论是家长还是孩子，都应该学会无条件地关注自己或他人的内心伤痕，深入感受那些隐藏的痛楚。这不仅体现了对情感世界的尊重，更是构建关爱和支持体系的重要基石。因为每一次的理解、接纳与尊重，都是在彼此的成长道路上播下的一颗珍贵的种子，为彼此提供宝贵的内在滋养，助力彼此更好地成长。

孩子在自我选择中获得掌控感

心理学家皮亚杰认为一切真理都要孩子自己获得，或者由他重新发现，至少由他重建，而不是简单地传递给他！

因此在构建一个充满爱与安全感的家庭环境中，家长要倾听孩子的心声，尊重孩子的选择，鼓励孩子勇敢地表达情绪情感，让孩子不仅能在自主探索与追求个人兴趣的过程中建立起自信，更能在每一次尝试与反思中积累宝贵的成长经验，成长为更加坚韧、独立且有自己主见的个体。

生命，因自主选择而丰富多彩

盈盈是一名普通高中的高一学生，成绩还好，但最近不想去学校了，因为她觉得自己受到了同学的排挤，在学校没有归属感。盈盈深陷于自我设下的期待与现实的冲突中，内心充满了复杂的情绪。

她坚信"种瓜得瓜，种豆得豆；投之以桃，报之以李"的人际互动法则，还有"予人玫瑰，手有余香"的善意传递哲学。

这很好，但是现实却未如她所愿，比如在面对人际交往中的不平等待遇时，她总是通过过度迎合他人期望来寻求获得认可的心理，这种现象反映出她可能已经形成了讨好型人格。

这种行为模式不仅导致她越来越敏感，内心的不满和痛苦愈演愈烈，还使她的自我价值感陷入碎片化，难以建立起良好的自我认同。比如，有时她从厕所回到教室，几个女同学谈兴正浓，可看到她就一声不吭了，她立刻感觉同学们都在说她的坏话，长此以往，盈盈不但上课走神，而且连老师正常布置的作业都没办法完成。

盈盈的爸爸妈妈和爷爷奶奶都是开皮鞋店的。

盈盈学龄前阶段跟着爷爷奶奶生活在广东，其间随着爷爷小店的迁移她先后读过三个幼儿园。这个学期在东莞，下个学期在佛山，再下个学期在惠州……

小学六年是和爸爸妈妈在江西度过的，盈盈曾分别就读于景德镇下辖的四个乡镇学校。初中，盈盈被爸爸安排到浙江省内一所有名的私立学校就读，离家千里，当然她也不知道自己的家到底在何方。

从南国到中原，风土人情、自然气候完全不同，调适自己何其艰难。在盈盈的记忆中，自己总是换学校、换老师，认识新同学，适应新环境，没有一次是自己决定的，都是爸爸妈妈决定的。她还担心妈妈不爱她，爸爸不要她。

盈盈的家乡话是闽南语，可是她不会说。这是一个没有归属感、安全感及自主权的孩子。

决定不了自己的人生，是多么卑微的事。

盈盈多次梦到自己被丢掉……

15岁时，孩子回到妈妈爸爸身边，可是爸爸的嫌弃、妈妈的说教、弟弟的强势、同学的冷漠，让盈盈的心结冰了。为了保护自己，盈盈内心形成一副铠甲，谁也不懂她，谁也不能靠近她。但盈盈内心深处何尝不希望有人能懂她、尊重她，有自主选择的权利？

时间久了，盈盈内心也很矛盾，很多事情不知道该怎么做和怎么选。比如爸爸就一直抱怨盈盈，说她连早餐吃什么也不知道。爸爸的语气里都是不屑和轻视，有时恨不得让这个不争气的孩子在自己的生命中消失。其实，盈盈这个时候已经出现了选择障碍。

选择障碍是一种常见的心理现象，主要体现在个体面对与自身紧密相关的物品或事项时，经历着反复对比、反复权衡的心理过程，从而难以做出最终抉择。选择障碍不仅仅是对外部选项的纠结，更深层次上，是反映个体内在的一种心理需求，即渴望获得他人的认同与肯定。

因此，在做选择时，个体会特别在意他人的眼光，担心自己的选择会被评价为不恰当或不够好，这种担忧还会进一步加剧选择的难度。当选择阻碍发展到较为严重的程度时，很可能演变为一种焦虑症状，会因为无法及时作出决定而感到极大的精神压力，甚至在日常生活中遇到轻微的决策问题也会引发强烈的不安。长此以往，不仅会影响个人的学习生活质量，还可能损害人际关系，造成社会功能受损。盈盈现在就是这样的情况。

　　一个人如果做自己选择的、喜欢的事，生命也会因自主选择而丰富多彩，日常学习生活中也容易让人进入心流的状态。心流是指我们在做某些事情时，那种全神贯注、投入忘我的状态。在这种状态下，有时甚至感觉不到时间的存在或觉得时间过得很快。在这件事情完成之后，我们还会有一种充满能量并且非常满足的感受。孩子能否进入心流状态，跟他是否自主选择有很大的关系，也跟家人对他的理解、信任程度有很大的关系。孩子和家人之间有一种爱与被爱的链接，这种链接是一种很强的生命力。

　　让我们来看一个主动转学的高中生面临的重大挑战。

　　亲爱的爸爸：

　　您看到这封信时也许是深夜了。时至今日我才敢和您说，来重点高中借读是一个错误的选择，我很用心地维护我在这里的新感情，但没有人把我当作真正的朋友。他们连周末的聚餐也从来没叫过我，仿佛我不曾来过一样。他们都有自己的圈子，就好像我在一高有自己的圈子一样，所以我没有切断和原来同学的联系。

　　我怕高中三年读下来自己什么都得不到。有些话我不敢当着您的面说，我感觉那些任课老师就是喜欢所谓的好孩子，不过想想也正常。

　　我不想待在这儿，但此刻退出，灰溜溜地跑回一高，无疑是在打爸爸的脸。

　　以前做了太多不孝的事，所以我现在会咬牙坚持读完这一年。

有腰伤，走体育特长生的路行不通了。我没目标了！

人生最可悲的事情，莫过于胸怀大志，却又虚度光阴。我想考本科，是的，我来到重点高中借读就这么想，天天这么想。

可那又能怎么样？永远在班级的最底层。我努力向上爬，爬到那阳光能照射到的地方。

可最后还是一棵草，偶尔被人踩上一脚，即使痛得吼叫也没人会理睬。

所以，以后的道路我要自己选择，换个赛道。我要变成一棵树，地平线都有我的影子。

亲爱的爸爸，原谅您的孩子让您一次又一次地失望。您也别再愧疚于小时候对我的管教不严，您已经做得够多了。

既然改变不了世界，我就改变自己，慢慢适应现在的生活，慢慢适应冰冷的世界。

还有考本科，或者考专科一事，我心里有想法，我必须得为自己打算，拜托您引导我、支持我。

爸爸，我爱您！

随风而起的尘埃那么渺小，又何尝不是一颗尘埃；换个学校还是无人知道我的存在，只有在自己的世界里，孤独寂寞地活着。

我分明看到了一个十七岁的孩子主动转学后，学业依然垫底时的挣扎。那么，我们可以想象一个小学生多次被动转学而面临的困难。

我一直都认为，0~3岁时要无条件地建立依恋关系，没有对错的价值观教育。3~7岁要有边界，在不违反道德、法律、伦理的前提下，给孩子自主权。

5岁的孩子要过生日，父母带他去西餐厅。

妈妈说："今天你想点什么就点什么。"

孩子说："妈妈，我要可乐。"

妈妈说："可乐不行，可乐是碳酸饮料，对身体不好。除了可乐，你什么都可以点。"

孩子说："那我要雪糕。"

妈妈说："雪糕也不行，雪糕是冷的，对肠胃不好。除了可乐和雪糕不能点，其他都可以。"

孩子说："我要炸鸡。"

妈妈说："炸鸡更不行，炸鸡吃下去会上火。除了可乐、炸鸡、雪糕不能吃，其他的你点。"

当妈妈第四次问孩子要吃什么时，孩子说："妈妈说吃什么我就吃什么。"

当孩子说"妈妈说吃什么我就吃什么"的时候，其实就已经为选择障碍埋下了病因。

孩子有选择权的时候，往往会激发内驱力，之后投入自己的选择中，专注当下。在这种状态下，孩子的注意力高度集中于当下正在做的事，再进入心流的状态，体验到了极大的满足感和成就感。这促进了他们在学业、兴趣爱好，乃至日常生活中取得更大的进步与成就，也让自己成长为一个独立、自主、有目标感的人，生命也会因此更加丰富多彩。

说到这儿，我又想起了一个职业高中毕业的学生，35岁的他创办了咖啡连锁店，目前有六家连锁店，员工62人，年收入近二百万元。

他说自己是考上了普通高中的。但是三流的普通高中哪怕学生再努力，大概率也是考个专科，思虑再三，他选择了职业高中，西餐专业。相对其他同学而言，他的文化课分数较高，班主任、学校都看到了他，他当了学习委员、班长、学生会外联部长、学生会副主席。这些历练让他成长，让他懂得了人情世故，让他学会了为人处世。当然，这三年他也认真学习了专业课。

当初选择职业高中，妈妈是接受不了的，于是打电话给在外地工作的爸爸，爸爸特地回家，说："你考虑好了就不要后悔。"他还是坚持自己的决定，爸爸也说保留自己的意见。

后来上了高职院校，与初中时比他成绩好一些的同学成了校友。唯一让他欣慰的是，他的三年职业高中生活过得轻松愉快，不但认识了很多人，还学会了如何做成一件事。

大专毕业后，与朋友合作开了一家西餐厅，效益一般。毕业第四年，他独资创立了陈氏咖啡。

他说从13岁开始人生都是他自己决定的。别人的意见，只是参考，不会影响自己的独立判断。

现在的他事业小有成就，春风得意，自信满满，"老婆孩子热炕头"，日子过得有滋有味。他说如果当初没有坚持读职业高中，也许人生会是另一番风景。

自我决定理论认为："自主"是人的三大心理需求之一，增强自主即可增强动机。心理学家默里·亨利也曾提出过一个假设：能决定一件事做或者不做，是人类的一个基本需要。

心理学家爱德华·德西和理查德·瑞安提出了自我决定理论：产生动机需要满足三个因素：自主、胜任、归属。自主的意思是，在这件事情里，我能充分感受到主体性；胜任的意思是，我有能力做这件事，它能带给我成就感；归属的意思是，我做这件事可以跟更多人产生联系，我能感受到这件事对别人的意义。

放手，会使我成长得更好

一个生活在南国某中等发达城市、在体制内工作、生活小康的妈妈有个 24 岁的女儿。妈妈在微信中向我倾诉：

"此刻泪崩，你看我越是喊她宝贝，越是示弱，她越是变本加厉。我何曾压迫过她，从小我就对她百依百顺，她提的要求无不顺从，但她太令我伤心了！现在我女儿的问题很严重。老师，我应该怎么办？此时我非常难过，感觉她已经到了变态的程度了。"

这位妈妈给我发来一张截图，是她的孩子在"朋友圈"里发的一段话：

"如果我极端，那只能说我是被逼的，有压迫就有反抗，有不配做母亲的驴，就有不孝的女儿，生孩子只会把你们反噬。生孩子不是为了好好养孩子，我就算暂时杀不掉你们，也能想办法慢慢折磨你们。什么样的父母教育出什么样的子女，你们怎么对待我，我就怎么对待你们，非常公平！"

以下为妈妈与孩子的对话。

妈妈：

"我现在思维真的不行，脑子如一团乱麻！你不告诉妈妈，妈妈死不瞑目呢！妈妈究竟要怎么做，你才会回到妈妈的怀抱呢？亲爱的女儿，请你告诉我！"

女儿：

"早点死！等你死了，我回去给你主持葬礼！"

妈妈在电话里向我哭诉着孩子的问题，说孩子10岁时逼迫自己与孩子爸爸离婚，又在17岁那年，强迫自己与一位孩子认可的男士结婚。现在面对不理解、不孝顺、不懂事的女儿，妈妈无助无奈、迷茫痛苦、不知所措，抱怨唯一的女儿这样对待自己。

之前，这位妈妈给我发了她与孩子微信对话的截图：

女儿，你看一下以前的照片，小时候的你多么顽皮可爱哦！宝贝，妈妈每天都思念你，你在外面要好好爱自己，好好照顾自己，工作累的时候记得好好休息，注意增加睡眠和营养。

不知你长胖些了没有？最近妈妈忙，四月份又要考试了，妈妈昨天去老房子找一本书，偶然找到了你的一些照片。我把找到的照片全部带回来了，想你的时候就看看。

你小时候的照片，妈妈都保管得好好的，还有你攀岩和蹦极的照片，你是最勇敢、最自信、最有主见的孩子。

相信你的人生会过得快乐、幸福。单身在外，有能力克服一切困难！

你一直都是好孩子，可是妈妈一直不够称职，忽略了初中三年对你的陪伴！孩子，对不起。如今你已经长大，希望你内心强大、自信、坚强、有主见。人生多风雨，你务必记得爱自己，照顾好自己！少走弯路！

孩子，请原谅妈妈，妈妈一直是个后知后觉的笨妈妈，一直都在不经意间忽略你的感受，当妈妈意识到应该好好陪伴你成长的时候，你已远走天涯。你的独立自主可喜可贺，也让妈妈心疼惭愧。孩子，人生道路多艰险，遇到困难请打电话给亲人们。血浓于水，任凭千山万水割不断亲情。如果你愿意回来工作，妈妈已经给你找好了公司，是互联网平台。

有空了，你可以长按识别二维码，关注后进去看看，这家公司很有特色，主要做非遗和工匠技艺。你可以考虑做推广、做市场、做兼职。公司目前进入第二年快速发展期，需要大量人才。随时欢迎你回来工作。

那是你初一的时候给妈妈写的一封信，当时妈妈也有回信，不知你是否还记得。你读初中的三年，妈妈太任性，把你交给爸爸，对你的学习、心理变化，妈妈忽视了不少，妈妈做得很不到位。在妈妈心目中，你一直都是最优秀、乐观、积极的孩子，但不知你初中三年有那么多困惑、迷茫、忧郁啊！你对爸爸也一直有意见，妈妈未帮你及时排解忧伤。一路走来，你真的很了不起、很顽强。

后来你没能考上心目中的高中，一定很不舒服吧？但是没关系，你真的已经努力了，考上现在这所学校已经很棒了，为家里省了一万多元呢！上了高中，你有了手机，也继续读了不少书，你思考了许多，当时十六岁的你已经知道体制内的学习多么苦、累和内卷，你勇敢地提出批判，你的思维是理性的。

你休学的勇气可嘉，可惜妈妈不该把你放养到那么远的地方。

从此，你的眼界更加开阔，也更有自己的思想了。回来后，你开始嫌妈妈庸俗。哎！高中阶段，我们沟通得不顺畅。有时，你不愿意跟妈妈打开心门，是因为妈妈的思想的确落伍了。

亲爱的孩子，想说的话很多，一时纷乱。最想说的是，请原谅妈妈的一切过错，要记得妈妈一直都爱你思念你。妈妈以后会好好学习，好好思考，努力做一个每天进步一点点的妈妈。不然，妈妈担心永远被你嫌弃不上进。

女儿回话：

"你是怎么当妈妈的？连讨好都不会！"

妈妈回应：

"女儿，有空了，给妈妈打个电话说说心里话。好女儿，妈妈想你了。"

女儿回话：

"你继续！"

孩子小的时候，妈妈没有给予该有的陪伴、理解，等孩子长大后才意识到问题，变得极度依赖孩子，让孩子感到厌烦。妈妈越依赖，孩子越抗拒，就形成了恶性循环。

讲到这儿我又想起了一个案例。

文质彬彬的爸爸是一家国企的员工，妈妈是一名教师。在咨询室里，妈妈泣不成声，爸爸焦虑悲伤。孩子在幼儿园时表现得乖巧懂事，小学时期也挺好的。孩子是爸爸妈妈带大的，家里还有爷爷奶奶，是家里的宠儿。

上初中后，孩子和以前有些不一样了，情绪开始不稳定，爸爸说家族史上没有这样性格的人。孩子在初一的时候打过妈妈，打得很凶。初三的时候偶尔又打妈妈，最严重的是中考结束后，因为考得比平时差，上不了心仪的高中，情绪更加不稳定。

家长带他去医院做了脑部CT，检查结果是没有问题的，也做了甲状腺功能检查，各项指标，包括雄性激素指标都正常。在病与非病的范畴里，孩子的主客观世界没有特别大的差异，精神活动也基本内在一致，人格也相对稳定。

爸爸说，孩子对别人都挺好的。在学校准时上课、准时下课，对老师客客气气，对同学友好，就是这样一个孩子在家里却成为一种灾难。

面对这样的个案，我也一直在思考：是不是孩子刚开始打妈妈的时候，妈妈处理得太软弱了，没有原则，总考虑孩子的感受，于是就委屈自己，从而形成了破窗效应，导致孩子的行为一发而不可收拾。

孩子能够在每次打妈妈的过程中获得成就感，强化了他的这种行为。而现在每次打了妈妈后还要妈妈给他道歉。他甚至在烧了整个卧室里的东西后，要爸爸妈妈帮他马上收拾，如果不收拾，不听他的话，不跟他道歉，他就哭，哭到撕心裂肺，哭到喉咙全哑，哭到天翻地覆，哭到不达目的不罢休。这种极端的行为，爸爸妈妈每次都满足，哪怕哭到凌晨一两点，妈妈爸爸一定要向孩子道歉，最后不了了之，这无形中就强化了孩子的行为。

心理上有一种说法叫喂养，喂养了恶，恶就会长大。

这让我想起有次去培训机构接孩子，看到一个十来岁的男孩在生气地对自己的妈妈大吼："陈×（应该是她妈妈的名字），你这个傻瓜，叫你早点来接我，居然这么迟！你干什么去了啊？"旁边人的目光都被孩子的声音吸引了过去，大家都有些看不惯孩子的做法。男孩的妈妈无奈地站在一旁，讨好地对孩子说："下次不会，下次不会了！"

"下次再这样，你就给我再买一把机关枪（玩具），我射死你！"孩子边说边做射击的动作。

"好好好！"妈妈应和着。

妈妈感觉周围的人都看着他俩，好像也有些不好意思，赶紧带孩子走了。他们走后，培训机构的老师叹了口气，说："这个孩子在培训机构里也非常不尊重老师和身边的同学。这主要还是因为孩子的妈妈太宠溺孩子了，明明孩子在学校目无尊长，还跟我们说孩子还小，要原谅他。妈妈这样毫无原则的包容和溺爱，换不来孩子的尊重，只会让孩子看不起妈妈。"

父母要跟孩子保持边界。你是你，孩子是孩子，你不能够过分在乎他，不能够被他的情绪牵引住，夫妻关系重于亲子关系。我希望爸爸妈妈们要活出自己的样子来，妈妈该练瑜伽就练瑜伽，该跳广场舞就跳广场舞，该看电影就看电影。如果孩子真的对妈妈动手，对爸爸狂抓，这个时候爸爸应有个态度，如果真的解决不了问题就一声不吭地离开，花15~20天的时间温暖自己。当一个孩子有能力说服人、有能力打你的时候，他饿不死自己，一定不要被他牵着鼻子走。出现这种情况可能是因为孩子在3~7岁的时候边界感没有建立起来，导致青春期以后，家长还要花时间和精力把欠缺的补回来、把该建立的建立起来。

　　父母一定要闭上嘴巴，放过孩子，也放过自己。这个时候家里发生一点事，孩子都感觉骚扰到了他，特别是价值的输出，尽量不要灌输给他，而是让他自己去体验、去感受。家长要让孩子自己去经历、去受伤、去成长，经历多了，孩子也就慢慢成长起来了。

　　另外，并不是不爱了才放手，有爱更要放手。尤其是当这份爱不能给彼此安慰，反而带来很多伤害的时候，更应该放手了！

　　除此之外，还有强势的介入，就是报警。孩子只要打家长，家长马上叫警察过来，让警察把孩子带到派出所，给他严正警示，也是一种教育。家长千万不要觉得这是家丑，因为你已经没办法制止他，而这种做法从某种意义上看是在帮他。毕竟，以后孩子也要结婚、生子，要有自己的生活，总不能到了那个时候还在最亲近的人面前表现出类似的暴力。

　　当然，孩子的情况也可以告诉学校里的心理老师。有些孩子的行为背后可能隐藏着"怎么跟家长讲都没有用"的心理暗示，但是在他们的心中，同样渴望得到尊重和理解。和心理老师的沟通交流也许会给孩子带来积极的影响，使他们能更好地理解自己与父母或他人之间的互动模式，以及如何更好地处理这些关系，同时在自我觉醒中感受掌控感，促进家庭和睦。

丢失了自己的生活，我真的帮助到孩子了吗？

这是一个妈妈与孩子相爱相杀的故事。这家人生活在福建省东部某中小城市。妈妈告诉我：

孩子现在六年级，虚岁十四岁，女孩子，曾经在市区很好的小学上到五年级，因为成绩差、人缘不好，每天总是在学校里闹情绪，破罐子破摔，老师们都拿她没办法，劝我给孩子换个全新的环境试试。我为了孩子，在娘家县城里买了房子、托了关系，换了一所学校并留了一级，给她创建了一个全新的环境。

我小时候家里兄弟姐妹多，爸爸又比较重男轻女，在女儿身上都不怎么愿意花钱，学习上的投资也一样，导致我心里非常难受。可能也是这个原因，为了弥补我过去的创伤，我很愿意在培养自己女儿方面花钱，对孩子的期望也很高，就如我给她规划想让她走艺术路线，目前已经考下"琵琶十级"证书了。

我想只要她肯学，后期我卖掉一套房子供她都是可以的。那时我对孩子确实非常严格，也凶了些，但我都是为了她好。但现在孩子遇到了问题，我打算等读初中时再带孩子回市区，也是考虑到市区有更好的教育资源，方便她初中就可以进入高中部上音乐大课。

我现在是离职状态，带着小女儿一起陪她在这边读书，她爸爸在市区的家里住。孩子刚开始过来还好，但时间一长，她的人际关系又开始变得非常紧张。虽然现在成绩上去了，也能每天自觉完成作业了，但现在她觉得大家都欠她的，心里没有爱，不管什么事都觉得是别人的错，一言不合就吵架，一吵架就负面情绪一大堆，什么话都能说出口，比如"我恨你们！""我要杀了你！"之类的话。

今天在班里拿着削铅笔的小刀要戳她表弟（因为她和表弟前后桌，两人为一点小事吵架了）。她觉得谁都不帮她，谁都不喜欢她，她恨我们。在家里也是这样，只要有什么事不答应她、不满足她，她就会摔门扔东西，喊着说自己怎么就投胎到我家里来了？她还说长大了要杀了我们。我都听麻木了，心都冷了！

小学五年级上学期，那时孩子还在市区里的学校读书，老师约谈了我和孩子爸爸好几次，当时学校给孩子安排了一位心理老师。心理老师说我女儿心理不健康，有问题。心理老师让她在沙盘里选一件自己喜欢的物品，孩子在几百件东西里选了一个断手断脚的士兵小模型。通过这个，心理老师给我女儿贴上了"心理不健康，有问题缺陷"的标签。

当时我很难接受，应该说无法接受。

我们夫妻关系也不差，条件比上不足比下有余，可能在老二出生前对老大太过宠溺了，但真的没办法接受别人给自己孩子贴负面标签。后来，心理老师建议我们要么帮孩子先把成绩搞上去，让她自信起来，不至于干什么都破罐子破摔，要么就是想办法给她换个陌生的、全新的环境，让她自己重新树立自己的形象。这几点我当时听进去了，那时正好一个学期结束，我当月就辞掉了工作，决定回娘家买房子给孩子换个环境。

我的想法是：能够帮孩子改变自己的机会可能就这一次。我自己的人生虽然重要，但牺牲几年时间如果能够换回孩子走上人生的光明大道，我是愿意的。

疫情几年，各行各业都在走下坡路，我正好利用这几年休整一下自己也不算耽误事业。谁让我早几年忙得全国跑，没时间陪孩子们呢。在我的坚持下，我一个人带着两个孩子回到了娘家。

我有个朋友是娘家这边学校里的老师，在他的帮助下，很快就将两个孩子都安排进了这边的学校。我也在当地随便找了家公司"打酱油"，主要任务是陪伴孩子。

以前，孩子在市区学校的成绩总是不及格，天天被老师催作业，到这边后成绩能够上八九十分，能按时完成作业。孩子的这些改变，我的朋友功不可没。

那时候朋友几乎三天两头和孩子谈心，第一学期期末孩子成绩基本都是A，我奖励了她一辆比较贵的自行车，感觉一切都在往好的方向发展。五年级上学期也还好，除了女儿喜欢"嘴碎"，喜欢揪别人的"小辫子"找老师告状，基本也是平安度过，成绩也还好。这时候她有点飘，自我归类为好学生，总喜欢说某某成绩不好或其他地方不怎么样之类的话。我们除了安抚她，就是尽量让她少去管别的小朋友。慢慢地，我朋友那边也忙，与孩子接触就少了。到了五年级下学期，孩子的优势就此打住。

我担心她遇到困难会选择退缩，提醒她：妈妈和妹妹陪着你从市区来县城是为了什么？我希望你懂得珍惜，懂得坚持，不要怕困难。但这个孩子从小到大，做任何事都有些懒惰，又容易放弃。现在遇到困难就退缩，成绩下滑了不少。我知道她也着急，让我给她报了好几门课的补习班。

课外补习费不便宜，虽然心疼，但为了孩子我二话不说给她报了。可我发现她好像对课外补习产生了心理依赖，平时在学校上课打瞌睡，有时因为课外补习时间是星期六、星期日，占用到她的休息时间，她还要冲我发火："不想学了，不要学了！"更难听的话她都说得出来。我知道她自己也着急。我和她说，其实只要她在学校里认真听课，课外补习完全可以不安排的。她知道自己在学校里做不到全神贯注，心里还是想去校外补习，就是嘴巴"坏"，动不动就说不想学了。

五年级下学期和六年级上学期就在这种矛盾的状态下过去了，但这期间孩子的脾气越来越坏，对妹妹非打即骂，甚至会对妹妹说脏话。她和我说话更是大呼小叫。哪科老师的作业留多了或哪科没考好就会咒骂这科的老师，给老师取外号。

我有时候真的忍不住了，看到她就来气，心情不顺畅。说实话我目前也是相当排斥她的。她感觉我们都不爱她，而她所谓的爱就是有求必应，不能说一个"不"字。

她会用自己的方式进行比较，比如说她拿着不会做的数学题来问我，我只会用我的笨方法去解答题目。一次、两次老师都说过程不对但结果是对的，我就让她去找老师答疑解惑，少走弯路。她说我不关心她，只会抱着上幼儿园的妹妹教一年级的知识。她总是嫌弃我，在学业上说我帮不上忙。她看不到我为她做的事，比如找课外补习老师。

她还让我请家教，一对一补课。为了她我已经倾尽所有，没办法给她再花那么多钱请住家老师了。为了给她换个环境重新开始，整个家庭支出也是直线上升，生活标准不断降低。对于小女儿，我能自己教的都是自己教，实在自己没能力教的，才出钱去专业老师那里学。我觉得我们家很别扭，已经掏心掏肺地在努力帮她了。可她遇到不开心、不顺她意的事就会咒骂：

"和我说话大呼小叫，我怎么就那么倒霉投胎到你家里？"

"我怎么就有你们这样的妈妈爸爸？我长大了，我想把你们都杀了。"

总说这种大逆不道的话。

又过了两天，妈妈再次微信我：

林老师，您有空的时候帮我分析一下，孩子张嘴就说"我要杀了你们"这话是今年过年期间开始的，当时寒假期间她沉迷于看《怪盗基德》及《名侦探柯南》。那阵子她总和我说里头谁杀了谁，或当天看过一个剧情马上就得出结论：原来是用这个实物或这个药品就可以神不知鬼不觉地把人杀了！当时我就觉得这孩子脑回路不对，怎么她看这种动漫和别人的关注点不一样呢？

果然，不久后，她和几个同学发生口角，继而发生肢体冲突，她满屋子找刀说要杀了他们。此后，她遇到不如意的事，就会说"我要杀了你们"。

昨天，她在教室里和同学发生口角，对方拉扯她，她就拿小刀要戳对方。后来班主任把她单独拉到空教室谈话，她态度非常不好，直指班主任偏心，并且不承认自己的错。

和班主任单独谈话时，她还是一副死不认错的态度，嘴里不断高喊着找剪刀要戳死这个戳死那个的，还高喊她不要上学了。班主任劝她考虑清楚：要是不上学了，就直接自己走出去。她考虑了一节课，问能不能给她换个班级，学校拒绝了她的要求。

学校给了她两条路：要么出去自立门户，要么回教室向老师和同学道歉，然后继续上学。她最终无可奈何，不情不愿地回到教室，向老师和同学道歉……

妈妈都是爱自己的孩子的，甚至不惜牺牲个人的生活，但爱孩子的方式如果进入了误区，这个孩子就会破罐破摔。

在一次次失败的教育中，妈妈要进行反思、觉察。

妈妈的原生家庭因姐妹多，父母重男轻女，导致没能得到父母悉心的关照，这是她内心深处的痛。原生家庭带来的伤害，使妈妈一直把希望寄托在孩子身上，不想让孩子再经历自己的缺失、遗憾。现在自己能给孩子的，她都愿意给，渴望孩子优秀、厉害，为此不惜放弃热爱的工作，离开家，只为给孩子提供最合适的教育资源。但现实给了她沉重的一击，使她内心崩溃，同时也让她很不服气，想继续通过努力，给孩子提供更好的环境。

妈妈的初衷真的是很好的。很多家长也可能会觉得：妈妈都做到这一步了，牺牲这么多了，孩子还想怎么样？

我感觉妈妈如果还抱着"我要让我的孩子优秀！""为了孩

子，自己的人生也不要了！""能够帮孩子改变自己的机会可能就这一次！""我已经为你付出这么多了！"这些执念不放，甚至期待孩子按照自己的意愿发展，替孩子安排好一切，那么孩子就永远是个问题孩子。

因为很多时候，父母在孩子身上看到"错误"或"不好"，总希望通过讲道理或责备使孩子做出改变，但这种做法常常会徒劳无益，还会让彼此陷入僵局。这也很可能是自己不曾接纳自己的僵硬的部分。

因此，妈妈要觉察自己的状态，处理好自己跟自己的关系，学会与自己和解。往往管不好自己的人，才会希望掌控他人，把注意力放在他人身上，尤其是亲近的人。因为他们发自内心地不肯面对自己，甚至做出一副无辜、受伤，且茫然无助的样子，实际上是他们不想真正成长，心智还停留在当初受伤的阶段。在这种状态下，如果孩子不如自己意时，就一次次想去改变，孩子也会用这种方式一次次进行反抗，甚至破罐破摔。

当一个人能觉察自己内心深处时，这个人的视野会开阔起来。往外张望的人容易迷失自我，向内审视的人则是清醒的。

过了一段时间，妈妈在微信中告诉我：

经过反复思考，我意识到自己这些年太围着孩子转了，一切以她为中心，想让她好，让她过上我想象中的生活。为此，我拼命地付出，到最后，孩子没有改变，对我则只有仇恨。

我想通了，孩子有自己的想法，我是我，孩子是孩子，我与孩子要有边界。

因此，必要的话，家长要通过明确个人和他人在某个情境中的责任，学会区分自己的责任和他人的责任，减少不必要的干扰和纠结，从而更好地处理人际关系和个人问题，提升心理健康和人际关系质量。分清什么是自己的责任，什么是他人的责任。自我责任是指个体需要承担自己可以控制的事情的责任，比如自己的情绪、行为和决定。他人责任是指个体需要尊重他人的责任和权利，理解和接受孩子有其独立的决定和行为，这些是父母无法控制的。

∨∨

在困境中重建认知与希望

妈妈带着小学二年级的女儿来找我。

她和孩子并排坐着,滔滔不绝地讲述着孩子的各种"不是",比如孩子做事情拖拉、爱动、静不下心、不爱学习等。期末考试,数学考了91.5分,语文也只有92分,妈妈满是不甘和委屈,觉得孩子很失败,自己也很失败。在朋友面前说起孩子的学业感觉很没有面子。

此时孩子身体紧绷,坐得笔直,眼神呆滞,紧紧盯着地面,一声不吭。

我把妈妈支开,单独和孩子沟通。

刚开始,孩子显得有些拘谨和不安,眼神中透露出一丝紧张。为了让她放松,我微笑着递给她一颗巧克力……

孩子的脸上逐渐绽放出笑容,拘束感慢慢消散,开始与我亲切互动。我发现她其实是个活泼开朗的孩子,观察力强,也很会表达自己的想法。

孩子说因为这次期末考试数学考了91.5分,语文考了92分,都是一些小细节上出的错,已经被妈妈骂了好几天了,还被罚写口算,都写一本了。

我问孩子:"那你希望妈妈怎么做?"

孩子提出了以下五条建议：

一是希望妈妈以后检查作业时，如果发现哪道题做错了就指出来，不要让我自己找，我自己找会很耽误时间。

二是作业写错后的惩罚能否轻一些，错1道题就要罚写一张口算，错2道题就罚写两张口算。以此类推，如果错10道题以上就要罚一整本，我觉得太多了。

三是希望妈妈在我写作业写得手都要麻的时候，让我休息一下，而不是一定要一口气写完。

四是希望妈妈少生气。医生给妈妈体检，跟妈妈说要注意身体，别总生气。但妈妈有时不是把气发泄在爸爸、哥哥身上，就是发泄在我身上。妈妈和我生气，就像爸爸辅导哥哥写作业时生气一样。

五是希望爸爸妈妈多带我出去玩。

我听着孩子稚嫩的声音，不由得竖起了大拇指："哇，你讲得真好！老师平时也经常夸你吧？"

孩子骄傲地说："老师夸我平时爱运动，还喜欢给她帮忙。"之后，她又讲到自己在班里是高个子，有1.35米呢！她身边还带着哥哥送给她的玩具小熊，时不时地拿出来玩玩，挺开心的样子。

我和妈妈单独沟通时，妈妈一进来就说：

"我家孩子太差劲、太失败了。班上的平均分都是95分以上，我家孩子考成这个样子，以后可怎么办？孩子习惯不好，总是一写作业就想玩……"

妈妈觉得自己没什么文化，和孩子爸爸一样都只有高中文凭，不能让孩子像他们一样。孩子的成绩一定要好，要在学业上获得成功！

妈妈还说孩子早上起不来床，要等她叫；每次饭都吃得不多，因为怕她长不高，所以亲自喂孩子吃饭，妈妈非常渴望孩子能像别人家的孩子一样自觉。

妈妈对孩子的期望值很高，干预太多，没有边界感，导致在妈妈看来孩子各方面都很失败……

可孩子现在才小学二年级啊！

幸运的是，孩子天真活泼，没有明显受到妈妈负面情绪的影响。

2016年，一首《大风吹》力压周杰伦的《告白气球》，获得第28届台湾金曲奖年度歌曲奖。

这首歌的部分歌词是这么写的：

……

哭啊！喊啊！妈妈带你去买玩具啊！快！快拿到学校炫耀吧！孩子！交点朋友吧！哎呀呀！你看你手上拿的是什么啊！那东西我们早就不屑啦！哈哈哈……一样又醉了，一样又掉眼泪，一样的屈辱，一样的感觉！

……

读初中的女儿跟妈妈说：妈妈，这首歌很多人刚开始都听不懂，歌词让人感觉很颓废，但仔细听，会越听越喜欢，好像唱出了不少人的心声。

这首歌是讲小孩心灵受伤了，不被理解，也就是大人好像总觉得小孩什么都不懂，没有什么话语权，没有哪个大人会真的在意小孩的心情。其实孩子也有喜怒哀乐，所以家长不要觉得小孩子什么都不懂！甚至很多孩子都能感受到父母言行背后的用意。

经过孩子的同意，我把孩子提出的五条建议讲给妈妈听，并表示别看孩子还这么小，机灵着呢！她很清楚妈妈行为背后的需求，对妈妈也很关心，希望妈妈少生气，让身体好一些。

"孩子可真的是你的贴心'小棉袄'啊！"我带着既真诚又略带夸张的笑意，由衷地说道。

妈妈听后露出一抹羞涩的微笑，那笑容中带着几分难为情，却又掩饰不住内心的温暖和幸福。

妈妈提到自己总是担心孩子长不高。其实第一眼看到孩子时，我就觉得她的个头和二年级的孩子相符。至于学习方面，妈妈显得有些过于焦虑了。如果总是这样担忧，孩子又怎么能真正静下心来专心学习呢？

"您应给孩子更多的鼓励和支持，让孩子在轻松愉快的环境中成长，而不是被过度的忧虑困扰。"我说。

妈妈表示："老师，我也没什么文化，您这么说，我心里就舒服了。您是说，我家孩子这样是正常的，对吧？"

我说："我觉得您的孩子很聪明，也很关心您。但您对孩子的要求好像就是要成功，不许失败。其实，想想我们的成长过程，哪有一帆风顺的？以后，除了要引导孩子争取成功，更要让孩子学会在困境面前突破、成长。胜不骄，败不馁！"

妈妈的脸上缓缓绽放出一抹发自内心的温暖笑容……

生活中，很多时候爸爸妈妈总是催促着孩子要"快跑"，要取得成功，却没有教会孩子如何面对困境，或者说家长自己也不知道怎样面对困境，或者失败。当然，这个孩子刚步入二年级，谈何成功与失败？只是父母自认为的成功或失败而已。

就算真的遭遇失败，也是很正常的。俗话说，人生不如意事十有八九。谁不会碰到困境、失败呢？比如：

李时珍，我国古代伟大的医学家，他在科举考试中多次失利，但这也让他找到了自己的使命——投身医学，后来成为一名杰出的医生，完成了《本草纲目》这部医药巨著，为后世留下了宝贵的医学遗产。

马云，这位阿里巴巴的创始人，他的高考之路也并非一帆风顺。他参加了三次高考，前两次的成绩并未达到大学录取线，然而他并未因此而气馁。第三次，他被杭州师范学院录取，尽管只是专科生，但这并未阻挡他后来成为中国互联网行业的领军人物。他的坚韧和毅力激励了无数年轻人。

俞敏洪，新东方教育集团的创始人，他经历了三次高考才得以进入北京大学，但他将这段经历视为宝贵的财富，并用它来启迪和帮助更多学子。

李安，著名导演，他的艺术之旅始于艰难的高考。两次落榜后，他最终进入了艺专影剧科，从此开启了电影制作的大门。他的作品赢得了全球观众的喜爱，荣获了多项国际大奖。

另外，杨绛先生也说过，人生并非一场争夺所有美好的竞赛。在繁复的大千世界中，每个人的生活都有其独特的苦与乐，无法也不应以他人为标尺。

因此，一些困境或失败并不能定义一个人的未来。大部分人在失败后若还能不断坚持、勇敢面对、刻苦学习、觉察热爱、找对方向等，都可能在失败后，进一步挖掘自己的潜力，遇见更好的自己。

我碰到过类似的学生，比如有个学生跟我讲到自己的休学复学经历时感慨颇多，她说初中的那段时光，她经常遭受校园霸凌，同学们嘲笑她的外貌，说她长得难看，这让她备感困扰。更令她无法释怀的是，那些她以为关系不错的同学竟然也会在背后诬陷她，使她在学校里更加孤立无援。

面对这些困境，她感到十分无助，于是选择逃避现实，整日沉迷于手机世界，不再专心读书。她先是请了一段时间的假，回校后成绩直线下降，自己又不愿面对现实。当时面临中考，家长比较冷静，权宜之计下，选择了休学。

休学期间，家长陪同她去看心理医生，定期接受心理辅导。在这个充满挑战的过程中，她逐渐感受到了内心的波动与不安。在辅导过程中，她开始接触绘画。刚开始，这只是治疗的一种手段，但随着时间的推移，她发现自己对绘画产生了浓厚的兴趣。通过不断地练习和创作，她不仅找到了一种表达自我情感的方式，还逐渐学会了如何平复心情，使心灵得到真正的宁静。绘画成了她生活中不可或缺的一部分。

复学后，她迅速调整了自己的心态和学习状态，不仅克服了之前的困难，还以不错的成绩考上了心仪的高中。

进入高中后，她仍对绘画抱有浓厚的兴趣，于是利用课余时间积极参加艺考培训，不断提升自己的专业技能。最终，她在艺考中表现出色，成功地凭借自己的绘画特长考入了理想的大学，实现了梦想。

这段经历不仅让她在学业上取得了进步，更让她学会了如何面对挑战、坚持不懈地追求自己的兴趣与目标。

总之，家长和孩子要有边界感，屏蔽掉一些无关的外缘，专注当下，重建认知，寻找热爱，给自己和孩子一个自由的空间。有时哪怕遇到困境也不用太担忧，因为困境中蕴含着新的认知和希望，是我们成长中不可或缺的一部分。

❯❯

累积小成功，成就大梦想

你们知道吗？我这一路走来，那可真是不容易，现在我坐在211大学的宿舍里回想起高中的日子，还觉得像做梦一样。刚上高中那会儿，我成绩不好，在班里就是那种默默无闻的"小透明"。每天上课听着老师讲那些我听不懂的知识，感觉脑子都要炸了，作业也不会做，考试更是一塌糊涂。那时候我妈可着急了，天天在我耳边念叨："你得好好学习啊，不能这么混下去。"我嫌她烦，心里想着：学习哪有那么容易啊？

我爸是公务员，妈妈是高中数学老师。

有一回，数学老师布置了很多作业，我看着那些题就头疼。晚上回家，我妈看我愁眉苦脸，就过来问我怎么回事。我把作业往她面前一摊，说"妈，这我哪会啊？"没想到我妈居然坐下，一道题一道题地给我讲。讲得特别仔细，那些原来在我眼里像天书一样的题，突然就变得简单起来了。那天，我居然把作业都写完了，还得了个"优"。

那一刻，我心里别提多高兴了，第一次尝到了成功的甜头。

后来，学校举行演讲比赛。老师一开始选人的时候，根本没打算选我，我妈知道我胆子小，但是非要我去试试。我在家里练了好几天，稿子背得滚瓜烂熟。到了比赛那天，我紧张得不行，手心全是汗，可当我看到妈妈那鼓励的眼神时，我就突然没那么紧张了。最后，我居然拿了个三等奖。

高二的时候，学校举办作文比赛，主题是"那些温暖我的人和事"。哎呀，这可太有素材可写了！我脑袋里一下子就冒出了好多画面。有每天早起给我做早饭的老妈，她总是变着花样给我弄吃的，就盼着我吃得饱饱的，学习有精神；还有教我数学的张老师，我的数学那叫一个差，每次问张老师问题他都特别有耐心，一遍又一遍地给我讲。这些事儿就像放电影似的在我脑袋里转啊转。回家后我就开始写，把心里的那些感受一股脑儿地"倒"在纸上。写着写着，自己都忍不住哭了，感觉那些回忆就像宝藏一样，越挖越感人。写完之后我还修改了好几遍，就想着能写得好一点儿。过了几天，老师在班里通知，投稿的同学可以看看自己有没有获奖。我当时心里还挺忐忑的，也没抱太大希望，毕竟班里那么多文笔好的同学，我觉得自己就是去凑了个热闹。结果呢？当我去看获奖名单的时候，眼睛都瞪大了，我居然得了一等奖！我当时都蒙了，还以为自己看错了呢。再三确认后我跳了起来，差点没喊出来。旁边的同学看着我，那眼神就跟看怪物似的，我才不管他们呢，一路狂奔回教室，把这个好消息告诉了我的好朋友们。他们也都吓了一跳，然后纷纷说我"深藏不露"什么的。

高中时获得的小成绩，一次次的积累，增加了我的自信心，到了高三时成绩突飞猛进。高考成绩出来的那一天，看到自己的分数达到了211大学的录取线时我就哭了出来。

这一路上，那么多次小小的成功都离不开我妈的指导和陪伴。要是没有她，我真不知道现在的我会是什么样子。

看到这个大学生的逆袭路，我感到很暖心，孩子在妈妈的关怀下成长得很好，收获很多。

当然，不是每个希望孩子健康成长的妈妈都能正确引导孩子，孩子的成长过程会有很多的曲折和困扰。

一位在银行工作的妈妈深感社会的压力，于是从女儿小时候开始就试图通过家长的权威一步步规划孩子的未来，助力孩子走上一条康庄大道。

那时，妈妈总是关注孩子成长中的每个过程，不允许有任何偏离。比如她先是一厢情愿地为孩子报了一大堆培训班，从舞蹈、绘画，到英语、奥数、语文，仿佛各种技能和知识都要让孩子学一学。

幼儿园阶段，舞蹈和绘画就已开始启蒙，孩子也挺喜欢，有时还会上舞台表演节目，母女二人都挺开心。

在孩子的记忆里，她的小学生活被妈妈的期待与焦虑填满了，并不轻松自在。比如从一年级开始，每天孩子都能感觉到妈妈那双充满渴望的眼睛始终聚焦在她身上。妈妈在家宛如一位严师，不仅细心监督她写作业的进度，还时刻督促她要提高学习效率。有一段时间，孩子哪道题写错，哪道题就要罚抄5遍。一种无形的压力让孩子时刻战战兢兢，觉得妈妈过于严厉了，连老师都没有这么罚抄过。

随着时间的推移，妈妈与孩子之间的关系似乎逐渐陷入了一个微妙而复杂的旋涡。尤其是五年级后，彼此间的沟通与理解变得愈发困难，导致一些潜在的矛盾和误解悄然滋生。这种关系的变化既微妙又难以捉摸，仿佛在无形中影响着母女之间的情感。

在这种情况下，孩子的性格变得越来越敏感和自卑。她经常肚子痛，要请假，但经过一系列检查后，医生表示孩子身体健康，种种躯体化症状可能是由心理因素引起的。这一发现警醒了妈妈，她需要更加关注孩子的心理健康。

孩子在日记中写道：

我最近经常生病请假，妈妈看我很不爽，她觉得我是装的。有一次，身边有很多亲戚，她拿着手机指着我说："以后爸爸妈妈才不会为你铺路，不要这么矫情！你以为自己是公主啊！信不信，你再这样，我报警抓你！"我还曾听见她和班主任通话："这孩子就是懒，不把心思放在学习上！"从此，我看到她那个手机就反感。

成长过程中，有时家长可能缺乏应对孩子行为的智慧。如果家长不能通过学习不断改善自己，反而要求孩子做出改变，对孩子来说是灾难性的。孩子是无辜的，很多时候正是家长的不当教育才导致孩子出现了问题。解铃还须系铃人，如果家长能够不断改善自己的教育观念，孩子的成长很可能会迈出一大步。

妈妈也慢慢意识到可能走进了教育误区，这种过度的干预、惩罚、掌控反而限制了孩子的天性，孩子的问题很可能是被自己"逼"出来的。

妈妈改善的方式是静下心来倾听孩子的心声，尽力感受孩子经历的每一份痛苦与快乐，用心去发现孩子的点滴努力，见证并分享孩子的每一次小成功。

孩子又请假时，她就带孩子出去吃吃美食或去海边走走、发发呆，或一起合影拍拍美照等。

妈妈也把话语权交给了孩子，不再天天苦口婆心地对着孩子说这说那。

看到孩子微小的进步，她都及时肯定和鼓励，如孩子把书桌整理得很干净、写作业时很专注、早上不赖床晚上也早睡、作业写得越来越好等。这对孩子来说都是一个个小小的成功。

奥地利心理学家维克多·弗兰克在其著作《活出意义来》的序言中曾深刻指出，我们不应将成功作为追求的目标——恰恰相反，你越是执着于追求成功，就越可能与它失之交臂。成功与幸福一样，并非单纯通过追求便能触及的彼岸花。它需要多种因素的交织与融合，仿佛是一种自然界的偶发现象。只有当我们全心全意地投入自己所从事的工作或生活中，忘却对成功的刻意追逐，才能在不经意间收获成功的馈赠。此时的成功，才真正成为个人成长过程中的一个自然而然的副产品。

当时，家中有一把旧口风琴。孩子偶尔会拿起它，轻轻地吹出几个音符，尽管并不专业，却充满了童真的乐趣。

然而，妈妈那时总是对孩子的这种尝试持怀疑态度，她觉得孩子只是一时兴起，并不会真正用心去吹。每当看到孩子拿起口风琴，妈妈的眼神中便流露出一丝不易察觉的烦躁和不耐烦。

这种眼神如同无形的枷锁，让原本充满期待的孩子逐渐失去了信心。每当音乐响起，妈妈那挑剔的目光似乎在告诉她：

"你瞎吹什么啊！"

于是，孩子开始故意胡乱吹奏，以此来表达内心的不满与反抗。这种行为不仅是一种宣泄方式，更是一种无声的抗争。

话说，唯有热爱可抵岁月漫长！后来，妈妈渐渐意识到，也许孩子是真的喜欢吹口风琴。

妈妈的态度发生了很大的改变，把孩子送到专业的老师那儿学习吹口风琴。有了专业老师的指导，孩子的口风琴越吹越好。每当孩子吹奏口风琴时，妈妈就会认真地倾听，脸上不时流露出欣赏和鼓励的表情。妈妈这样的陪伴与理解，逐渐化作孩子成长道路上最温暖的力量。

在这个过程中，孩子渐渐静下心来，全神贯注地投入到学习吹口风琴的过程中。随着每一次轻柔的呼吸和手指在按键上的轻轻跳跃，她不仅感受到了音乐带来的快乐，还深刻体会到了专注的力量。这种专注使她在演奏中达到了一种忘我的状态，仿佛整个世界都安静下来了，只剩下她与手中的乐器。

渐渐地，孩子发现，当自己全身心投入某项活动时，获得的成就感是巨大的。准确演绎每一个音符，成功完成每一首曲子，都是对她努力的肯定。这种成就感不仅来源于外界的认可，更重要的是来自内心深处的满足感和自我价值的实现。

实际上，这正是心理学中的"心流"体验——一种全情投入、完全沉浸于某种活动的状态，在此状态下，个体不仅能体验到高度的乐趣，还能极大地提升自己的技能水平和创造力。

六年级的时候，孩子代表班级勇敢地登上了学校举办的才艺展示舞台，演奏了三首口风琴曲。

每当孩子回忆起这次的经历，都觉得意义非凡。当时，她站在舞台上，面对那么多人，心中既紧张又激动。爸爸妈妈、老师和同学们的热烈掌声和鼓励的眼神让她备感温暖，也让她兴奋不已。这种被认可和支持的感觉让她久久难以忘怀，成为她成长道路上一个重要的里程碑。

初中，她加入了学校的文艺社，经常上台表演。

孩子说：妈妈后来经常性的夸奖和鼓励，让我感觉轻松很多，也让我意识到了自己的成长与进步，同时也提高了自己保持这些良好习惯的动力。

给孩子机会，让孩子做自己热爱的事情，用鼓励的话支持孩子，看见孩子获得的成功。妈妈对孩子的这份理解和支持，使孩子在生活上渐入佳境，获得越来越多的小成功。高频率的小成功最终促成了大成功，孩子后来考入了她期待的大学、喜爱的专业。

在热爱中获得一次次的小成功，让小的改变逐渐成长，最终实现质的飞跃。妈妈说这是对她和孩子共同付出的最好回馈。

> ## 增强掌控感，促进孩子社会化进程的发展
>
> 掌控感强的人更相信自己有能力应对生活中的挑战，能更好地适应新环境和新角色，更愿意与他人交流和合作，更容易融入群体，在面对压力时能保持冷静和理性。这种能力在社会生活中，尤其是在处理复杂的人际关系时特别重要。

❯❯❯

热爱，让孩子拥有自我探索的能力

朋友的孩子张翔，从小就对打篮球有浓厚的兴趣。每天放学后，张翔会迫不及待地带着篮球，与小伙伴们在学校的篮球场上挥洒汗水，感受篮球带来的乐趣。小学时，张翔的学习成绩排在班级前10名。

初中时，张翔顺利进入校篮球队，取得市级联赛团队第1名，后来还特招到当地最好的高中。进入高中后，他的学习成绩一般。为此，张翔的爸爸开始纠结现在孩子是该以打篮球为主，还是以学业为主。他深知孩子的未来需要知识与能力的双重支撑。爸爸与张翔进行了深入的沟通，听他倾诉对篮球的热爱，也注意到只有在篮球训练时张翔才会展现出专注与毅力。

于是，爸爸放手全力支持孩子打篮球。虽然后来张翔只上了个职业院校的专科，但他依然喜欢打篮球，又是校队队员，之后又专升本，专业是市场营销。

在读本科时，张翔依然打球。毕业了，他被上海一家篮球培训机构聘用，从员工到股东只花了几年时间，哪怕是在最困难的疫情期间，企业也顽强地生存了下去，现在发展得非常不错。

兴趣是热爱的起点，热爱则是兴趣的深化和升华。

武志红曾经说过：感觉、热爱、具体化是成功人士的三大要素。当你不再渴望被爱，就不会受到伤害，当你有了兴趣和热爱，生命就会有向上的延展。

我是那年轮上流浪的眼泪，

你仍然能闻到风中的胭脂味。

我若是将诺言刻在那江畔上，

一江水冷月光满城的汪洋。

我在时间的树下等了你很久，

尘凡儿诟我谤我笑我白了头。

你看那天边追逐落日的纸鸢，

像一盏回首道别篝夜的风灯。

……

《花妖》这首歌，是音乐人刀郎的代表作之一，作词、作曲都是他自己。他将自己对社会的观察、对人性的思考、对美好事物的期待融入每一个音符，迅速赢得了很多人的认可。

刀郎原名罗林，只有初中毕业的他凭借自己对音乐的热爱，终于成为了最有影响力的音乐人之一。罗林1971年出生于四川省内江市资中县的一个艺术家庭。他的父母都是文工团成员，母亲跳舞，父亲管理灯光。从小罗林就对音乐产生了浓厚的兴趣。12岁时，他开始学习钢琴等乐器，并在14~15岁时受到港台音乐的影响，真正喜欢上了音乐。17岁时，他离家自学音乐，在歌厅学习乐器演奏，开始在各地打工。

在长期的自学和实践过程中，刀郎逐渐形成了独特的音乐风格，擅长将民族元素与现代音乐相结合，创作出既有传统韵味又不失现代感的作品。

他的代表作《2002年的第一场雪》融合了民族音乐的元素和现代流行音乐的节奏，成为他音乐生涯的一个重要转折点。他始终坚持自己的音乐理念，通过不断地努力和创作，逐渐赢得了公众的认可。

2004年，他的同名专辑《2002年的第一场雪》大获成功，销量达到270万张，让他一夜成名。

成名后的刀郎并没有停止前进，他继续探索和创新，参与了多个慈善演出和公益活动，用自己的音乐为社会弱势群体发声。

他还积极参与音乐的传承和创新，通过举办音乐会和讲座，推广中国的传统文化和音乐艺术。

初中毕业的刀郎不仅有一个关于音乐和梦想的故事，还有一个关于坚持、勇气和热爱的故事。他用自己的音乐和行动，影响了无数人的生活和心灵。

由《我的阿勒泰》改编的电视剧在央视热播。羊道、草原、冬牧场，天真、纯净、白云天，让阿勒泰从一个地理和精神上双重偏远的角落，变成了大家熟知的文学地标。

作者李娟通过自己的感触在文字间呈现了新疆的历史脉动，在那自然素净的文字背后，是新疆广袤土地上世世代代生生不息的灵魂。李娟的成长历程充满了挑战和转变。

她出生于新疆生产建设兵团，籍贯是四川乐至。童年主要生活在新疆，曾在富蕴县度过了一段童年时光，读过几年小学。

后来，李娟父母离异。她跟着外婆在四川乐至县继续读小学，因迟到常被老师体罚。后因没有户口，中学拒绝接收，最终在家庭的努力下，通过借读方式才得以进入中学校门。

高中毕业后，李娟跟随母亲学习裁缝手艺，曾到乌鲁木齐打工，当过地下服装厂流水线工人和车工等。

其间，李娟开始利用业余时间写作，作品逐渐在文学界获得认可。她的作品《九篇雪》和《走夜路请放声歌唱》等逐渐受到关注。《遥远的向日葵地》获得第七届鲁迅文学奖散文奖，并入选2017年中国好书。

李娟的成长历程不仅是个人奋斗和坚持的结果，更是新疆多民族文化交融和个人经历多重影响的体现。

当然，文学史上还有许多文凭不高的人，如莫言、沈从文、郑渊洁，以及弃医从文的余华等人。

获得巨大成就的背后是兴趣、是热爱、是生活、是体验，更是感悟。

热爱在自我探索中的具体作用：

能够激发个人探索未知领域的欲望，促使人们主动学习和掌握新知识。增强自主学习效果：当个人对某个领域感兴趣时，他们会自发地阅读相关书籍、观看教学视频，甚至参与实践，这种积极的学习态度有助于提高学习效率，取得更好的效果。

激发创造力：兴趣能够激发个人的创造力，促使人们在面对问题时寻找新的解决方案，这对于个人在职业生涯中的创新和发展至关重要。

提升专业水平：持续的兴趣和探索可以帮助个人在特定领域达到更高的专业水平，从而在该领域内取得更大的成就。

增强自我认知：通过深入了解自己的兴趣和爱好，个人可以更好地认识自己，找到适合自己的发展方向，实现个人价值的最大化。

总之，当一个人的热爱与学习生活融合时，不仅能使之成为自我表达、探索未知、实现价值的舞台，还会让个人成长与幸福感获得方面实现质的飞跃。作为家长更要鼓励孩子去做自己感兴趣、热爱的事。

这让我想到另一位家长，他告诉我：之前从没担心过自己的女儿海燕会有什么问题，特别放心。海燕小学一年级到四年级在市区的一所学校读书，作文比赛多次获奖，并且都是市一等奖，老师经常会拿孩子的作文当作范文在班里朗读。孩子小学五年级时因为搬家转到县城一所学校就读，成绩还是很优秀，特别是语文，多次在县作文评比中获得一等奖。

就是这么一个孩子，初二时突然从乖乖女变成了一个问题少女，甚至在学校里都待不下去了。家长之所以来找我，是因为那段时间，爸爸跟她讲了很多道理但都没有用，就动手打了她。她爸爸是做电商生意的，虽然文化程度不是很高，但平时讲话彬彬有礼，气质文雅。妈妈也是非常努力认真地做着她分内的工作。家庭的氛围非常温馨。爸爸妈妈对孩子的情况都特别关心。

回顾海燕的成长经历，很多事情让我感到特别的惊讶，她说自己今天变成这个样子，跟老师有很大的关系。第一次被老师叫家长是因为那天碰到一点点问题，自己心里不舒服，所以没有完成作业，但老师对她不依不饶。自此，老师一个月时间里叫了6次家长。后来自己也麻木了：随他便吧！我就这样了！死猪不怕开水烫！但妈妈不一样，她每次接到老师的电话都提心吊胆。之后，妈妈开始对孩子24小时监管，晚上都和孩子一起睡。

从那以后，海燕就不想去学校了，晚上睡不好觉，凌晨三点多才能入睡，早上五六点钟醒过来，然后就睡不着了。孩子本身胃口不太好，她说自己在一段时间内，成绩下降得特别厉害，后来稍微缓过来一点儿，成绩略有恢复。

海燕依然非常热爱写作文。她的目标是考个好大学，读文学专业。但是因为这件事情，她不知道以后该怎么办，她说自己心中还有梦，对文学的兴趣和热爱依然在。我鼓励她继续好好学习语文，多想想以后可能发生的事情：未来的自己抱着吉他，带着小朋友，在一个自己喜欢的普普通通的小学里当语文老师。她的眼睛在发亮，闪耀着对读书的渴望。

处在这个阶段的孩子特别需要帮助，如果此时有人拉了她一把，也许她就能够继续前行，否则就会认为：我真的会变得和社会上的那些"二流子"一样！所以我鼓励她，认真学习语文，认真考试，认真为以后做准备。她点点头，说自己还要多读书，以后去更好的学校教书，更好地对待自己的学生，而不是像她现在的老师这样。孩子说她要调整好自己的状态，继续好好读书。我说，只要怀揣梦想，即使眼前的路途暂时黑暗，但如果那盏照亮前行之路的灯依旧在内心深处闪烁的话，总能激发出我们无穷的力量与坚持，让自我探索的能力越来越强。

几年过去，海燕高三了，下半年就要进入大学读书的她心理健康，人格健全，人见人爱。她依然喜欢文学，唐诗宋词脱口而出，自信满满。

我想只要内心保持兴趣和热爱，一切就会向好的方向发展。

❯❯

以平常心对无常事，把孩子的命运还给孩子

开学已经三周了，一名高二的孩子才来学校报到。当教师的爸爸和开蛋糕店的妈妈为此非常着急。

孩子说，感觉到学校读书没有一点儿意思，进了教室就是不停地学习，可自己现在学不进去任何知识。孩子所在的班是校重点班，他的分数在班里垫底，能进这个班，全是靠着爸爸的面子。从小到大，爸爸妈妈都想办法让他进最好的班级，希望他成绩优秀。

刚开始孩子也相信在这么好的班级中一定可以越学越好。有段时间成绩也不错，但后来他感觉有些吃力，名次依然垫底。

慢慢地，同学们也知道他是靠关系进的这个班，对他很不屑，背后会嘲笑他，这让他的自尊心受到伤害。于是，他更想用好成绩来证明自己，可是越努力，越静不下心来，杂念也越来越多：

"该死的，又碰到这些题！这些太难了，不想做了！"

"他们是不是都已经完成作业了，怎么这么快呢？"

"头脑要爆裂了！受不了了！"

……

孩子时常失眠，整个人状态越来越差，经常性胃疼、头晕。

有时就算待在教室里，也如同行尸走肉般。孩子觉得自己太辛苦，干脆就不来学校了。

孩子希望爸爸妈妈不要因为他太焦虑，可是爸爸妈妈怎么可能不焦虑呢?

孩子问我:"有没有什么方法让爸爸妈妈少焦虑些?"

我说:"你愿意去学校读书，爸爸妈妈就会感觉好受一些。"

他冷漠地笑笑:"不可能。可我看到他们这个样子，我也很难受!"

其实，如果父母一定要孩子在成绩方面达到什么要求，除非孩子非常热爱学习，否则很多时候过度学习会打击孩子的学习积极性。

据我所知，有一个班级，25个人考上了省一级重点高中。仅仅过了三个月，这个班级的5个孩子就"躺平"在家了。我问班主任，他们是否有共同的特点。他说找不出规律，有一点是他们都是特别认真的孩子，并且自我感觉很好，都觉得自己应该是考试成绩很好的那一位。他们如果考不好，心理波动就会非常大。

另外一个孩子，给自己的定位特别高，他上不了心仪的高中，就感觉全世界都塌了，于是开始"作妖"，几个晚上都不睡觉。后来，在普通学校重点班中的一次考试中成绩排在第50名，他觉得自己是废物，于是转到普通班。但是看到普通班很多同学都在浑浑噩噩地混日子，他觉得心里更难受了。于是他又回到了原来的班级。父母被他折腾得焦虑不堪。

还有个念重点高中的孩子，开学一个月就不去学校了。妈妈是老师，孩子成绩也特别好，但特别敏感，性格内向，一心想上最好的高中。后来，他考上的高中和他理想中的高中有一定的差距。他心里不服气，慢慢地就不去学校了，"躺平"在家。

这些孩子甚至他们的家长在心理上都属于自恋维度特别高的类型。

武志红在《深度关系》中指出，人类在建立关系时往往出于两种动机：关系维度与自恋维度。

关系维度往往指个体体验到的是幸福、满足和平和，这些正面的情绪情感体验来自对他人发自内心的关注和关怀。若失去该关系，尽管会有伤心难过的情绪，但这种悲伤来源于对失去连接的遗憾，而非失去自我的羞耻感。比如有个学生没有考上心仪的高中，虽然很伤心，但并没有气馁，在新的学校里，不断调整自己的状态，很快适应了新环境。

但在自恋维度中，个体更多的是寻求兴奋、骄傲和刺激的感觉，这些情绪情感体验往往伴随着对他人的依赖和操控。比如孩子成绩不错，自我感觉很好，觉得自己在班级里高高在上，可一旦失去成绩的支持，内心就会崩溃，出现各种心理状况，有羞耻感。这意味着脆弱和失去对自我的控制。

一些家长也是这样，期待孩子在班级里取得优异成绩，这样自己也感觉很有面子。孩子成绩不好，如果再出现各种状况，家长内心就会开始崩溃。

在父母与子女的关系中，若父母过于沉浸在自恋维度中，他们可能会压制或贬低孩子的成就，以维持自己的优越感。

在这种关系模式下，父母的行为并非基于对孩子的真实关心，而是出于满足自身的需要。这也就能解释，为什么孩子明明考了99分，分数已经很高了，但家长或孩子还是不满意，因为有人考了100分。这也是有些家长总觉得别人家的孩子好的原因。这些人就是自恋维度非常非常高的人。

自恋维度越高的人，孩子越容易出现问题。

很多家长会问：我都为孩子付出这么多了，我现在到底该怎么办？

有一种伤害是"为了你好"！父母越用力，孩子越难做自己。庄子说：相濡以沫，不如相忘于江湖。面对长时间休学或有心理困扰的孩子，家长的自我关怀才是对孩子最好的照顾。教育是能量激发能量，心尽到，以平常心对无常事，把孩子的命运还给孩子，最重要的是学会面对生命中的不确定性。谁敢说成绩好的孩子的日子就一定过得顺心如意呢？

诗人李白、杜甫、王勃的人生经历，也许会给我们一些启示，从他们的人生经历中感受一下人生无常。

李白，一生潇洒，人称"诗仙"，好像什么都不在乎。他年轻的时候，仗剑走天涯，一路写诗，一路潇洒。他想当官，还真就当上了，可没过多久又觉得官场太憋屈，干脆辞官。年轻时写下"大鹏一日同风起，扶摇直上九万里。假令风歇时下来，犹能簸却沧溟水……宣父犹能畏后生，丈夫未可轻年少"；而人到中年却写下"停杯投箸不能食，拔剑四顾心茫然。欲渡黄河冰塞川，将登太行雪满山。闲来垂钓碧溪上，忽复乘舟梦日边"；后来流放夜郎国，获释后写下名句"轻舟已过万重山"。

李白好像总是能随心所欲，但纵观其一生其实也是坎坷不断。他虽被唐玄宗赏识，却遭到群臣排挤；他想建功立业，可最后只能漂泊于江湖。他的一生，就像他的诗一样，充满了起伏和变化，这就是人生无常啊！

杜甫就更不用说了，他被称为"诗圣"，一生都在为百姓发声。年轻时的杜甫胸怀抱负，写下"会当凌绝顶，一览众山小"抒发自己的胸襟，想通过科举改变自己的命运。可杜甫的运气不太好，考了好几次都没中。后来安史之乱爆发，他的生活一下子全乱了套，看着国家破碎，百姓流离失所，自己穷困潦倒，写下了"国破山河在，城春草木深。感时花溅泪，恨别鸟惊心"，那是他心里的痛苦和无奈。杜甫一生都在漂泊，从长安到成都，再到夔州，"万里悲秋常作客，百年多病独登台。艰难苦恨繁霜鬓，潦倒新停浊酒杯"，直至最后客死他乡。

杜甫的一生，充满了苦难和挫折，但他始终没有放弃对国家和百姓的关心。他的经历，让我们看到人生的无常，更让我们感受到人性的伟大。

才子王勃写下"落霞与孤鹜齐飞，秋水共长天一色"，这句子太美了。可王勃的人生却短暂，且坎坷。他年轻的时候就很有才华，被很多人赏识，可运气不好，得罪了上司，被赶出了官场。后来王勃在去探望父亲的路上遇到风暴，不幸溺水身亡。王勃的一生，就像他的《滕王阁序》一样，虽然辉煌，但很短暂。他的才华还没有得到充分地施展就匆匆离世了。这不就是人生无常的最好证明吗？

人生就是这样，有时候你觉得自己很厉害，可下一秒可能就会遭遇挫折；有时候你觉得生活很美好，可下一秒可能就变得糟糕。李白、杜甫、王勃，他们都是伟大的诗人，但他们的人生也充满了起伏和变化。我们每个人也一样，都会遇到人生的无常。不过，我们可以在无常中找到自己的价值，用自己的方式去面对生活的挑战。

余华说："在夜深人静的时候，把心掏出来，自己缝缝补补，然后睡一觉，醒来又是信心百倍。无人问津也好，技不如人也罢，你都要试着静下来，自己该干什么就干什么，而不是让烦躁和焦虑毁掉你本就不多的热情和定力，心可以睡，手不能停，在崩溃中继续前行，才是一个成年人的修养。"

不经历风雨，怎么见彩虹？我们不能用现在的想法去规划孩子的未来。

另外，根据20世纪著名心理学家阿尔弗雷德·阿德勒（Alfred Adler）的课题分离理论来看，当家长过于管控孩子的学习生活并和孩子产生矛盾冲突时，实际上是引起了课题的混淆。这也会导致孩子觉得"反正有爸爸妈妈会替我把关"或者"我都是在替爸爸妈妈做事情"，就容易缺少责任感和自主性，也就是说课题不分离，即孩子失去了自我成长和探索的课题，家长剥夺了应该属于孩子探究的机会。

当然，课题分离并不是说断绝自己和孩子的联系，而是引导家长，随着孩子不同阶段的成长，要有意识地和孩子保持一定的课题界限，保证亲子关系和谐发展，同时也允许孩子犯错并从中吸取经验教训。

》》

见证孩子在一次次突破中遇见更好的自己

有家长说：老师，我确实在孩子成长中有做得不到位的地方，让孩子受到了创伤。比如，我为了让孩子不能太骄傲，凡事都是贬低、打击他。现在孩子很自卑，也不爱和我讲话。

还有家长说：我状态不太好，总是朝孩子发火，感觉孩子都失去灵性了，总是愣头愣脑的。如果可以的话，真想回到孩子小的时候，我一定会把孩子带得更好……我现在都不知道该怎么办了？

……

每当听到家长和我说类似的后悔话，我都表示理解。人无完人，每个人在成长过程中都会有做得不到位的地方。已经发生的事不能改变，但家长现在能意识到，其实是一个良好的开端。相信在接下来的生活中，家长会在无形中改变自己的做法，给孩子更多积极的影响。

当然，我们也要觉察到，已经发生的很多事情都是既有利又有弊的，就看我们怎么去对待。有不少的孩子讲到自己的成长史，很曲折，但我们也会发现，有些孩子会在挫折困难中一次次突破自我，遇见更好的自己！有一种成长叫创伤后成长。这让我想起了高中女孩周月的经历。

周月跟我说很想与我分享她成长中经历的事，希望能得到我的见证和肯定。

她刚开始跟我讲话时很紧张："老……老师，你要有心理准……准备。我想跟你说，我……我……我现在讲话比以前好多了！"听得出来，她有些紧张。

我深知，面对压力与不安时，人们往往需要一个安全的港湾。于是，我请她先进行几次深呼吸，然后静静地坐一会儿。在这个过程中，我始终微笑着，让她感受到老师对她的支持与鼓励。

之后，她开始慢慢讲述自己的事，但已经口吃得不那么厉害了。从她的讲述中，我知道了她的一些经历：

周月有一个哥哥和一个妹妹。爸爸常年在外做生意，家中还有爷爷奶奶。妈妈换过很多次工作，开过服装店、小卖部、水果店，现在是家庭主妇。

周月一直感觉缺少家人的关注和关怀。读幼儿园时，她对外界充满了好奇。一个比周月大四五岁的邻居男孩，因为口吃，言语表达总是显得有些艰难。每当他试图开口说话时，经常会发出"啊……啊……啊……"的声音，似乎想要把话完整地说出来却总是卡在喉咙里。尽管这样，他依然努力地尝试与周围的人交流，这份坚持和勇气令人动容。

那时，家里的大人时常会拿这个孩子开玩笑，甚至会模仿他的口吃来取乐。

周月觉得这也是一种引人关注的方式。于是天真地认为：如果自己也那样说话，或许就能让家人多关注自己，却未曾料到这个想法给她带来了很长时间的困扰。

那天，周月讲话时故意口吃，试图引来家人的关注。可是妈妈的反应却出乎她的意料。妈妈毫不留情地批评了她："哟，周月，你也学会口吃了啊？真是难听死了！这让我们怎么见人啊？"妈妈的话让她感觉很不舒服。弱小的周月也不懂怎么解释，只好默默承受。

不久后，家里来了好几位妈妈的朋友，妈妈找不到电视的遥控器，问周月："遥控器放哪里了？"

周月不知怎么的，马上紧张起来："我……我……"说不出一句完整的话。

那一刻，妈妈可能有些尴尬，当着朋友的面斥责她："你怎么口吃了？以前不是这样的啊？"

妈妈的朋友都笑了。虽然周月能感受到笑声中的温暖和善意，但她还是脸涨得通红，心跳加快。

从那天起，周月对说话产生了一种莫名的恐惧，尤其是有外人在场的时候，她就会变得异常紧张，口吃的问题也变得严重起来。

每当周月口吃时，妈妈就会流露出失望的眼神，而那微妙的神情变化深深印在了周月的心头。

时间流逝，周月逐渐长大，口吃问题始终未能得到改善。

周月越害怕口吃，就越容易出现口吃的现象。比如在小学课堂上，同学们发言一般都很积极。她曾经有几次举手被老师叫起来回答问题，但因为口吃站在那里"啊啊……"讲不出话来。尽管她当时努力想要表达自己的想法，但口吃的困扰让她无法流畅地说话。

被同学嘲笑过几次后，周月再也不敢举手回答问题了。可是她内心很煎熬，明明是会做的题目，却不敢举手回答老师的提问。老师和同学会怎么看她？会不会觉得她很笨，连这些题都不会？但害怕被嘲笑的担忧还是超过了举手回答问题的决心。

之后很长一段时间，她上课都没有举过手。因为老师也知道她口吃，所以平时也不会主动叫她回答问题。可是周月内心的挣扎一直没有停过，她也渴望能像其他同学一样举手发言，然后站起来顺畅地回答问题。

直到四年级下学期的一次数学课上，她发现几乎全班同学都举手了，她抱着侥幸的心理想着：我也举手一次吧！老师应该不会注意到我的。于是，她悄悄地举手了。结果，她的手一举起来，老师像发现了新大陆一样，赶紧叫了"周月"。

听到自己的名字，周月"唰"地一下子站起来，紧接着，一阵难以言喻的紧张感瞬间席卷全身，使得她张开嘴巴想要说什么，却只能发出"啊啊啊……"的声音，仿佛喉咙被什么堵住了一般，无法说出一个完整的词语。那一刻，她心跳加速，脸颊泛红，目光闪烁，整个人都处于一种极度紧张的状态。同学们此刻无法理解她内心的复杂情绪，纷纷露出不解的表情，并爆发出一阵哄堂大笑。周月感到无地自容，羞愧得不得了。

老师赶紧制止了同学们的笑声，并解释道："我刚刚是想表扬周月，因为周月举手了。"

周月这才明白老师是善意的，其实并没有想叫她站起来回答问题，而是想鼓励她。她知道，这是自己内心深处的担忧、害怕在作祟。

回到家后，周月无法释怀在学校发生的事，并产生了深深的羞耻感，甚至狠狠地打了自己一巴掌。她痛恨自己小时候的愚蠢行为：我怎么这么笨？为什么要学别人口吃？

每当我听到一些孩子类似的情况，都会感到很心疼。家长常常在不经意间，用过度保护或过度干预等不恰当的方式，无形中给孩子设置了一道道屏障，阻挡了孩子自我探索和独立成长的道路，成为了束缚孩子羽翼的枷锁。

被打骂的孩子不会恨父母，但会停止爱自己。很多孩子对家长有很深的恐惧，但又渴望得到家长的爱。家长"攻击"孩子时，会产生死能量。这种能量，会让孩子转变成攻击自己，并产生羞耻感：我真笨！我真蠢！我真不是个东西！

慢慢地，周月还是很不甘心，她意识到自己本不是这样的，是后天才形成口吃的。进入初二后，她决心改变自己的状态，并坚信可以突破现在的困境。她仔细回顾自己的成长经历，发现：

一是她意识到，在试图表达时，自己会遭遇突如其来的停顿与重复，这种困惑不仅限于言语中，更源于对误解的恐惧，担心因此遭受外界无谓的冷落与嘲笑，以及这种担忧累积造成的自信心缺失和自我怀疑，进而引发的焦虑与恐惧。

二是当她因忙于其他事没有注意到自己的口吃问题时，口吃好像就消失了。比如，把注意力放在跑步上，跑累后，在很轻松的状态下，无意中和好朋友分享感受："我好累啊！好想休息一会儿！"也就是说，当她无意中忽略自己是否口吃这个问题时，口吃的症状就会减轻。这也仿佛是一种自我暗示，如果她不刻意关注自己的语言障碍，紧张和焦虑就会逐渐消退，说出去的话也会更加流畅。

周月开始明白，有时候过度在意成了束缚自己的枷锁。于是，她退一步想：被人嘲笑有什么关系？嘲笑就嘲笑吧！有时候她也自我嘲笑一下：哎呀！我怎么又口吃啦？虽然心里还是会有些不舒服，但也慢慢接纳了自己的不完美。

三是环境对自己的影响很大。当周月感受到自己置身于一个温馨、舒适的环境中时，周围的人对她抱有友善的态度，她的心情就会变得格外舒畅，口吃的频率也会显著降低。

其中，令她印象尤为深刻的是在初一的一次班级秋游活动中，那天，老师特意安排每六个同学一组，方便大家相互照顾。周月所在的小组每个人都显得非常开心，整个团队的氛围十分地轻松愉快。在这份安全感的包围下，周月可以尽情地做喜欢做的事情，不再感到拘谨和紧张。这份自由不仅让她心情更加愉悦，更重要的是，同伴的理解和接纳给了她莫大的勇气与信心。

这种正面的情感体验，使她在与人交流时变得更加自信，减少了口吃的困扰。通过这次活动，周月深刻体会到，在一个充满爱与支持的环境中，每个人都能展现出最好的一面。这也成了她日后面对困难时，不断寻求正面力量的重要源泉。每当回忆起那次秋游，周月心中总会涌起一股温暖的力量，激励着她勇敢地面对生活中的每一个挑战。

四是当她取得了让自己满意的成就，内心充满了喜悦和满足时，这种积极的情绪也会让她口吃的次数减少。例如，在小学六年级时，有一次数学考试她获得了班级第一名，老师表扬了她。那一刻，她感到无比的开心与自豪。回家的路上，再次遇到了那位曾让她感到紧张的老师，她没有像往常那样刻意避开，而是鼓起勇气主动向老师问好。这次，她不仅能够顺利地向老师鞠躬，还清晰地说出了那句"老师好"。这一变化连她自己都感到惊讶。这次经历给了她极大的鼓舞。

五是自己跟自己的关系最重要。在各种关系中，如果一直外求，自己就一直在受苦。如果把自己放在受害者的角度，便会一再地被不同的人伤害。因此，自己不要总用担心、害怕、埋怨、痛恨把自己捆绑在自我的牢笼里。爱与别人无关，当我们真正地关怀自己、爱自己时，首先放过的是自己。我们此生要战胜的人是自己，而非他人。

从那时起，周月就开始更加努力地提升自己，无论是在学校活动中，还是在学习上，她都投入了更多的精力，也承认了自己的局限性。

进入高中后，周月慢慢发现，自己口吃的次数越来越少，虽然有时还是会因为紧张而口吃，甚至口吃得厉害，但是她已经不太在意了，因为现在的自己比曾经的自己好很多了。

这些经历见证了周月的成长与蜕变，让她学会了如何面对困难，如何在逆境中成长，最终成为一个更加自信、坚韧的人。

家长在意识到自身存在不足时，无须自责，因为没有完美的家长。从当下开始，改善自己的状态，相信孩子的潜力足以克服困难，同时也相信自己能以日益良好的状态给予孩子积极的影响，见证孩子在一次次的突破中遇见更优秀的自己。

》》

经历四个周期后，蛰居的孩子会重新启程

林老师，我家小磊已经确定将于明年2月前往德国留学。他自己主动学习并考取了雅思5.5级，目前机票已购置妥当，计划于正月初二启程。未来的道路还需他独自前行。非常感谢林老师这段时间的陪伴！

这是一位17岁孩子的妈妈发给我的信息。孩子先前在家中度过了四年时光，其中两年，我陪伴在他身边，见证了他的成长历程。

妈妈是小学老师，爸爸起初在体制内工作，后来下海做生意。孩子的父母都受过高等教育。

这两年来，妈妈与我一直保持微信联系。

……

我家孩子已休学两年。暑假初期，他对重返校园还满怀信心，可随着开学日期的临近，他的焦虑情绪显著加剧。

因此，我想在开学前和您进行一次交流，看看能否帮助他缓解紧张情绪，您方便的时间都可以。

需要说明的是，我家孩子对就医比较抵触。之前找过××医生。现在孩子在药物治疗方面比较配合，但对于心理咨询却比较排斥。

鉴于此，我们考虑转换一下方向，您能否以更轻松的方式与他沟通。

主要目的是帮助他克服返校的难题。

……

我家老大说，他更喜欢和您聊天，这主要归因于您的高水平，他很信任您。

现在他有了明显的进步，愿意向我们敞开心扉，剖析自己真实的内心。

主要是您走进了我家老大的内心世界。您的专业能力让他深感敬佩，昨晚他还在称赞您。我们共同商量决定：让他明年2月出国读预科。

我猜想他可能会与您提及此事，毕竟时间等都是由他自己安排的。我们很想询问详情，但又怕孩子嫌我们干涉太多，身为父母，我们十分纠结。

从去年12月中旬起，他在健身这方面倒是坚持得挺不错的。总的来说，他的事儿不太愿意让我们多问，但通常情况下，与他沟通，他也是会跟我们说说的。

想法他确实有，这次找您也是他主动提出的，他一直说您非常好。对于他出国留学的想法，我和他爸爸给予了十二分的支持。

他现在自己安排时间，差不多每天都要去图书馆自学两个小时，因此我们选择相信他。他自己说去了解过雅思考试，一般情况下每个月都可以报考，所以我便没有再做深入了解。

我选择相信他，这样做是否显得有些欠妥？

我和我老公已经商量好了，不管他怎么做，我们都全力支持，给他"加油"。反正这段时间，他坚持去健身房和自学雅思，未曾懈怠。总体来看，孩子确实取得了不小的进步，谢谢林老师的陪伴与指导。

上面的文字是小磊妈妈前后几次与我交流的内容，她多次提及孩子对我的喜爱、信任与肯定。

孩子从学习优秀到蛰居在家，再到重新出发，出国留学，妈妈特别高兴。对此，我也很有成就感。他相信我，愿意和我探讨、沟通，建立良好的咨询关系。这让我想到了卡尔·罗杰斯的话：在我职业生涯的早期，我常常自问，该如何治疗、帮助或改变这个人。如今，我会这样表述这个问题：我该如何提供一种关系，以促进这个人的成长。

阿德勒同样认为，人的绝大部分痛苦源自人际关系。

面对蛰居的孩子，家长应该如何陪伴呢？从父母的视角来看，一般要经历四个阶段。

一、对抗期

小磊小学的时候成绩特别好，是班里成绩最优秀的孩子。小升初时，他以学校排名第4的优异成绩顺利进入了一所优质初中，在入学考试中排在全校前50名，并被分到了最好的班级。然而，第一次考试，他的成绩在班级排40多名，这让小磊难以接受。妈妈爸爸对孩子的分数要求很高，难以接受孩子当时的成绩。越是顺风顺水的孩子，越是承受不了从巅峰跌落低谷的落差。他们从小就优秀，从小就努力，一直是父母的骄傲，这样的孩子自尊心极强，但抗压能力却相对较弱。一旦摊上了他应付不了的事儿，就会比一般的孩子更容易崩溃，比如碰到了针对他的老师，又如学习突然变难了。环境一旦变化，压力一旦加大，他的承受能力比一般的孩子要差。这种孩子太想进步了，太明白一旦失败等待自己的是什么样的未来了。这种孩子属于人间清醒，什么道理都懂，但是韧性不足，很容易全线崩溃。崩溃之后，这类孩子的表现会不尽如人意，甚至难以与那些原本成绩较差的同学相提并论。他们觉得自己一无是处，只剩下失败。这个时候就算家长不放弃，他们对自己也不抱希望了。往往会一边玩游戏，一边痛苦自责；一边浪费时间，一边恨自己是个废物。他们的人格在分裂，他们的内心在煎熬，可表现出来的却是浑浑噩噩，无所事事，自暴自弃。

孩子向我倾诉，妈妈总是否定他，爸爸总是责备他，认为他不够努力，做事缺乏专注力，沉迷于看手机和打篮球，说这是不负责且浪费时间的行为。班主任也恨铁不成钢，老是打压他，说他很笨，智商有问题。原来关系好的同学也开始轻视他，经常在背后议论他。

于是，在极度缺乏归属感、价值感和安全感的重压下，面对老师的一次普通批评与建议，小磊情绪失控，歇斯底里起来。

班主任是一位三十多岁的女老师，感觉威信受到了严重的损害，要求小磊当着全班同学的面向她道歉。孩子说："我宁可不读书了也不会道歉。因为是老师没有控制好自己的言辞，是老师先失控的。"

妈妈爸爸都站在老师那边，这让他感觉全世界似乎都辜负了他，没有人能懂他的感受。于是，他选择退守家中，觉得没脸见人，甚至不再出门。

"你怎么不上学呢？"

"你不去上学能做什么呢？"

"你将来怎么办呢？"

"你到底怕什么呢？"

"你为什么不回到学校？"

"你有什么好担心的呢？"

父母往往将所有问题置于对立面，导致孩子以更为激烈的方式来对抗。这种对抗旷日持久……有的矛盾历经多年，即便随着时间的流逝冷却了许多，父母与孩子心中仍然留存着难以愈合的伤痕。

父母的心态要经过：

1.否认：学校的课程该怎么安排呢？考试该如何应对呢？以后怎么面对中考、学考、选考、高考呢？

家长应当明白，这件事的时间跨度并非以天来计算，而是以月，甚至可能是年。一旦家长接受了这一点，或许就不会再为作业和考试的问题过分担忧了。

2.自责：如果经过一段时间，孩子的问题仍未得到解决，父母可能会自责，觉得自己在某方面做错了。有些父母甚至会相互指责，埋怨对方对孩子过度保护或放纵，或者抱怨小时候给孩子安排了过多的课外班等。

家长要明白，孩子现在的样子，是经过很长的一段时间由多种复杂的因素共同作用导致的。没有100分的家长，孩子走过的路不会白走，都是促使其成长的宝贵资源。

3.幻想：在对抗期，父母往往心存幻想，认为也许自己改变方式和方法，对方就会随之改变，问题就会彻底解决。然而，当你用尽了所有能想到的方法后会发现，所有的方法都没有用！此时，若将愤怒指向孩子或更多地指向伴侣，很可能会对婚姻关系造成威胁。

对抗期并非旨在找到解决问题的方法，而是设法使其尽快平稳度过。

二、挫败期

爸爸带着小磊去医院看了精神科。医生仔细询问症状后诊断孩子患有轻度躁郁症和中度抑郁，并认为住院治疗是必要的，以便给予孩子更全面、系统的心理干预和药物治疗。

也就是说孩子要先休学。爸爸听到这个消息，心中五味杂陈，他担心住院会让孩子失去自由，影响他的学习和生活，也担忧周围的人会怎么看待他们一家人，会不会觉得他们太失败了，连个孩子也照顾不好！

但理智告诉他，孩子的健康才是最重要的，随后他为孩子办理了休学手续。对父母而言，这可能是他们经历过的最困难、最痛苦的时期。他们已束手无策，内心伤痕累累，充满了无助与失落。他们不得不承认，孩子的问题不是马上可以解决的，必须接受孩子的现状。随着家庭内部张力逐渐缓解，父母可能会自责，自己不是好妈妈好爸爸。

父母逐渐意识到，人生的至暗时刻往往潜藏着转变的契机，夫妻间要懂得抱团取暖的重要性。当父母不再是孩子生活中的主要矛盾时，孩子就会开始面对并尝试解决自己的矛盾。

我曾询问过一个在家里待了两个月的初二学生，这么长时间他都做了些什么。他回答说玩游戏和睡觉。

我接着问他感觉如何，孩子说："虚无。"

我追问："这么长的时间，你是怎么对抗虚无感的？"

十五岁的少年潸然泪下，他感到只有我能理解他的感受。

三、接纳期

爸爸听从医生的建议，带着小磊去做心理辅导。

妈妈参加了温州市区的家长成长营活动。听完课后，妈妈感慨地说，自己亏待了孩子，懊悔得不得了，恨不得打自己几个耳光。

妈妈说，老师课上讲到的"谁有痛苦谁负责，谁有情绪谁成长"，深深地影响到了她。

有了老师的指导，家里和谐了，充满了爱，也充满了能量。

家长在市区买了房子，便将孩子从县城接到市区，就近入学。家长鼓励孩子多参与体育活动，比如打篮球。当孩子展现出学习英语的热情，并计划通过考雅思来提升英语水平时，家长全力支持，让孩子通过线上平台与外国友人进行交流。家长充分尊重孩子的意愿，把自主权交给了孩子。

爸爸妈妈突然发现，孩子在家里其实挺好的，亲子时间多了，他们开始看到孩子身上更多的闪光点，尝试更多地运用积极的语言和孩子正向交流。不仅如此，父母还与孩子深入探讨未来的成长路径，分享更多的经验，在这一过程中，父母发现了孩子潜藏的很强的学习能力和对父母深切的关爱。父母觉得之前有些小看孩子了，或许有些担忧其实是多余的。

接纳期的标志是，我们现在过的日子并非不可接受，也算不上灾难。

四、再启动期

孩子最终会做出一系列决定，以全新的方式面对自己的人生，然而，这种方式不可能彻底地解决问题。

或许孩子原本有能力考上浙江大学，但最终可能只考上了一所普通大学；而原本目标是普通大学的孩子，到最后也许只能考上职业院校。

孩子与父母责任分离，父母与孩子都意识到：许多挑战是需要自己去面对的。

父母在这个阶段给予孩子必要的支持就足够了。

当孩子经历过以上四个周期之后，他真正渴望做的事，也许就是真正的内驱力。

生命成长中没有绝对的东西，没有对错，只有立场；没有好坏，只有合适；没有优缺点，只有特点；生命中没有白走的路，所谓的好与不好，都是成长中的土壤。

写出"醉里挑灯看剑，梦回吹角连营"这样豪言壮语的辛弃疾也曾经躺平，"万事云烟忽过，一身蒲柳先衰。而今何事最相宜，宜醉宜游宜睡……"

写出"王师北定中原日，家祭无忘告乃翁"的陆游也曾经躺平，"风卷江湖雨暗村，四山声作海涛翻。溪柴火软蛮毡暖，我与狸奴不出门"。

"拗相公"王安石遇到困难时曾说："愿为五陵轻薄儿，生在贞观开元时。斗鸡走犬过一生，天地安危两不知。"

面对躺平，家长不要过度焦虑，应秉持"因上努力，果上随缘"的态度。允许孩子有一段疗伤的时间，让他做自己。先有能量后有爱，孩子会触底反弹，出现积极的转变。只要爸爸妈妈有力量了，孩子便能从你们身上汲取这份力量，因为能量是可以传递的。

之前有一名初二的学生，凌晨两点给班主任发信息：

老师，真的很抱歉。我不应该参加这次考试的，可我不但参加了还拉低了班级平均分，让班级排名下降了，真的很对不起。我辜负了您的期望，我知道现在说什么都没有用了，改变不了已经交了的试卷。虽然成绩尚未揭晓，但我是否用心对待这次考试，我自己知道。我实在难以压抑内心的情绪，感到前所未有的疲惫，现在大脑一片空白。您让校长把我开除了吧，我觉得自己不配踏进学校的门，不配走进12班教室，更没脸面对您。我对不起所有老师，对不起所有同学，我不读了，我承受不了这份学业带给我的压力，以及随之而来的烦恼、痛苦、寂寞……

一日为师，终身为父。我隔空给您跪下了，老师，我不去上学了，真的很抱歉……

针对以上情况，家长采纳了我的建议，让孩子到他叔叔的驾校帮忙做些行政事务，孩子很乐意。到了初三，孩子重返校园，继续学习。

后来得知，孩子考入了省内一所知名私立高中。

今日，我偶然间想起了这个孩子，便向他妈妈询问："你家孩子在××学校，挺好的吧？"

"我儿子不是读书的料！目前挺好的，'好'到现在三代人都来上班（海产品市场），命中注定都是打工人啊……他说能赚钱很开心。反正不喜欢读书，硬逼着他读，大人小孩都痛苦，不如早点让他进入社会，提早学习做生意。感谢老师对我儿子的关心。只要他愿意吃苦，不后悔自己做的决定就可以了。孩子在我们身边快快乐乐的，一家人一起过平平淡淡的生活我就满足了，不需要孩子多么的优秀多么的出色。省下读高中、大学的大几十万、上百万给他娶老婆挺好的。孩子觉得现在的生活好就好，我们不强迫他。"

妈妈的视野和格局大，孩子便能更好地应对未来生活中的不确定性，孩子也会成为一个自食其力、生活得有尊严的人，一个能接纳自己、享受快乐的人。

这个孩子的不愿读书与前一位截然不同，他属于抗拒学习，无论如何努力也难以取得好成绩的类型。但他适合早些走进社会，只要父母能理解和接纳，孩子同样也能过上充实且美好的生活。

促进孩子社会化是父母的必修课

某男孩，智商高达140，被周围人誉为神童。10岁参加高考，成为全国年龄最小的大学生；13岁读硕士，成为全国年龄最小的研究生；16岁读博，成为全国年龄最小的博士生。

孩子的父亲是公务员，母亲是高中教师。

父亲为了培养他，差点辞了工作。他除了学习，其他什么都不用自己动手，甚至到了初中时，吃饭还需要父母一口一口地喂。

本该通过家庭、学校及社会的各种活动共同促成的社会化进程，被父母忽略。父母当时更多的是享受孩子"神童"的光环给他们带来的喜悦和荣耀。他们没有意识到长期跳级虽然能够加快孩子完成学业的速度，但这种教育方式却可能导致孩子在生活自理能力上出现短板，在社会经验的积累、独立生活技能的掌握、情绪的自我管理以及人际关系的处理等方面，存在显著的欠缺和不足。

家长以"一切都是为了孩子好"为出发点，一再对孩子进行干涉，导致孩子没法掌控自己的生活，错失了人生中很多重要的机会。

家长拔苗助长，不尊重孩子的成长节奏，导致孩子长大后心灰意冷，以一种自暴自弃的方式报复父母，最终导致博士读了8年才毕业。

28岁神童归来，没有稳定工作和收入，有时没钱了就问父母要，被众人叹为现代版的"伤仲永"。

这个孩子明显存在社会化不足的问题。儿童社会化不足，指的是儿童在与社会互动的过程中，未能有效地吸收和内化社会规范、价值观和行为模式，导致其社会适应能力低下的现象。环境的质量直接影响儿童的社会化发展。

我们对一个人进行教育旨在促进其社会化，这也是教育的终极目的。心理疾病往往与一个人的社会化不足有非常大的关系。美国精神病学会针对儿童的社会化提出了五大标准：

第一，孩子有同龄玩伴，并且这种友谊已持续6个月以上。没有同龄的朋友，孩子的成长往往不尽如人意。"与凤凰同飞，必是俊鸟；与虎狼同行，必是猛兽；与智者并肩，则高人一等，共登高峰。"社会化进程相对滞后的孩子，其自控能力也较为薄弱，在未来遇到挑战时，恐怕还会面临类似的困境。

第二，在没有任何利益驱动的情况下，孩子会伸出援手帮助别人。

第三，当孩子行为不当或犯了错误，且这一行为未被他人察觉、未导致不良后果时，他会主动反思并且勇于承认错误。

第四，别人做了对自己不利的事情，能够原谅别人，不指责也不告密。

第五，孩子懂得关心朋友和同伴，体现在能真诚地分享他人的幸福和快乐。比如，当别人过生日、考试成绩优异或获奖时，他能够由衷地向别人表示祝贺。

而在心理健康教育实践中，比如，休学在家的孩子也存在严重的社会化不足的情况。

开学之初，我会对休学后重返校园的孩子进行心理评估。这些孩子中的许多人都沉浸在自己的世界中，他们几乎没有朋友，总是愁眉苦脸，一副对生活漠不关心的态度，感觉一切都没有意义，呈现出典型的"空心"状态。

有些孩子学业成绩优秀，他们全身心投入学习之中，没有同龄的玩伴。

还有一些孩子自视很高，有的还当过班长，但是在和同学的相处中，他们不能做到真诚待人，表现得非常自我。我曾经接触过的一名学生就是这样，音乐老师在班级里挑选参加演唱比赛的同学时，他明明没有被选中，却偏偏不肯接受，觉得老师偏心，一直闹，直到把老师折腾得筋疲力尽，最终只能换下另一名同学，让他参赛。在家里，他也总以自我为中心，但是，世事哪能尽如人意呢？终于，他在班级里和大部分同学关系都变得很僵硬，即便换了班级、换了学校也没用。最后，他因抑郁休学了。

网络上还流行"烂尾娃"这个词，指的是现在普通家庭的孩子，上了十几年学，毕业即面临失业的困境。他们的美好时光都浪费在各种看似毫无意义的考试里。他们对社会一无所知，寒窗苦读十几年，最后却陷入高不成低不就的尴尬境地，人生似乎从此"烂尾"。

也就是说，在孩子的成长过程中，我们会发现，孩子不仅给父母带来幸福，也难免会让父母产生诸多焦虑。比如，有些父母说：

"我很担心，我的孩子现在这样，不努力，不爱学习，将来能干啥呢？"

"孩子好像在班级里谈恋爱了，这可怎么办啊？"

"孩子在学校跟室友关系不好，说不要住寝室，以后都要住家里。孩子怎么就不能好好跟室友相处呢？"

当然，我有时也会说："你过于担心了。曾经大人们告诉我，穿牛仔裤会毁了下一代，听卡带会毁了下一代，接着变成看电视会毁了下一代，后来变成打游戏会毁了下一代，再后来变成玩手机会毁了下一代，现在变成用AI会毁了下一代。这一切其实只传达了一个经验：迄今为止，没有任何事情能真正毁掉下一代，除了过度干预下一代的上一代！作为家长，你总忧虑下一代该如何行事，那么未来又有谁能预测呢？"话虽如此，但是有一点家长一定要注意，在孩子社会化的过程中，家长对孩子的支持理解非常重要，否则会让孩子迷失自己，出现社会化不足的情况。

社会化是指一个人与他人交往，接受社会影响，学习掌握社会角色和行为规范，形成适应社会环境的人格、社会心理、行为方式和生活技能的过程。或者说，是一个人由自然人成长、发展为社会人的过程，是一个人不断了解、掌握各种社会规律的过程。从这个角度来讲，人的一生中有两次至关重要的"出生"。

第一次出生，即生物学意义上的诞生，是生命在母亲腹中孕育的时刻，它标志着生命的开始，我们通常称之为自然人的起始。

第二次出生，是指社会化的影响悄然而至，也即人的社会性逐渐形成。这一过程始于我们如同纯洁白纸般的婴儿时期，嗷嗷待哺，对世界一无所知。之后，我们慢慢学会爬行、站立，对外界充满好奇，不断探索。在家庭的呵护、学校的培育以及社会的历练下，我们的认知模式逐渐成型，同时被赋予了归属感、责任感、价值观等宝贵品质。就这样，我们逐渐成为一个拥有独立思考能力的个体。比如，一个正处于这一蜕变关键阶段的高一的孩子说：

"我平时会因为情感、交际、学业等问题陷入无边的内耗之中，认为自己不完美而不自信，有时甚至会因一些别人认为微不足道的小事而产生过于消极的想法。我希望我的内心可以变得强大，不再敏感、不再忧郁，目之所及皆是光明！"

这个孩子学会质疑、分析并形成自己的见解后，便能在复杂多元的环境中做出选择与判断，这就类似于一个依赖本能反应的生物体渐渐变为一个具备复杂心理结构和社会功能的个体。

通过社会化的过程，我们获得了社会身份，形成了自我认同，并能在社会中找到自己的位置，从而区别于单纯的动物世界，成为社会人。因此，社会化不仅是我们成长的必经阶段，还是推动社会进步和促进个人发展不可或缺的环节。

现在，一些孩子所面临的心理健康问题，如社交恐惧、抑郁症乃至精神分裂，往往与他们在社会交往和适应方面存在显著不足有着密切关联，也就是说这些孩子社会化不足。

在过度保护或忽视的家庭环境中，儿童可能缺乏与同龄人互动的机会，从而无法形成健全的社会交往能力。此外，父母的教养方式、亲子关系等也会对孩子的社会化产生重要影响。社会化的一个重要标志是拥有同龄的朋友，而有些孩子没有玩伴，他们的生活里只有分数，这往往导致他们难以形成健全的人格。

另外，社会化不足与钻牛角尖之间存在一定的关系。社会化不足通常表现在缺乏自我认知能力、承受挫折的能力较差、社会意识淡化、职业准备不足等方面。这种状态可能导致个体在面对问题时，过于专注于细节或负面因素，从而容易钻牛角尖。

具体来说，社会化不足的个体可能在成长过程中没有很好地学会如何处理社交情境、如何理解他人的观点或情感，以及如何适应外部环境的变化。当他们遇到困难或压力时，这些不足会被放大，导致他们难以看到问题的全局或寻找到有效的解决方法，而只是反复思考某个具体的方面，形成钻牛角尖的情况。

命运也总在提醒我们：我们从内在创造了什么，外在就显示什么。唯有内在丰盈，外在才会富足。

心理学家阿德勒曾说："教育的目标是实现自立。"这句话深刻地揭示了教育的本质，要让孩子在社会化过程中自立自强。

在社会化过程中，有些孩子是在不经意间被社会化的，有些则需要家长适时地协助与引导。

例如，孩子在五六岁的时候看到几个同龄的孩子在一起愉快地玩耍，尽管很想加入，但由于不知如何表达自己的意愿，他们有时会在其他孩子玩得正起劲的时候贸然闯入，这往往会打乱正在玩耍的孩子们的规则和秩序，导致正在玩耍的孩子不开心，一起拒绝这个孩子加入他们的游戏。

家长可能无法理解这种情况，也许会斥责那些原本正在玩的孩子，告诉他们要团结友好等。然而，这样做实际上对孩子并没有太大的帮助。

家长应该做的是，不去责备那些正在玩的孩子，而是帮助想要加入的孩子更好地融入集体。通过鼓励和支持孩子去尝试，让他们在尝试的过程中体验成功，并逐渐建立起被他人接纳的自信心。

当孩子有机会体验到融入集体的乐趣时，他们会自发地发展出更多社会化的技能和功能，也会找到自己的热爱，从而更好地适应社交环境。

作为父母，我们肩负着适时引导孩子走向社会化的重要使命。

当然，也有家长说现在的社会太现实，还是不要让孩子过早地体验社会的艰辛。在社会化过程中，并不意味着要让孩子过早地承受生活的艰辛，而是要在保护其纯真的同时，让孩子逐渐理解世界运行的规则和挑战。同时，在这个过程中了解自己、理解社会，感受热爱带来的内心富足，并逐渐明确自己在社会中的位置以及应当采取何种行动以实现自己的目标等，这也是每个人都需要面对的重要课题。

家长可以鼓励孩子勇敢地面对生活中的困难与挫折，而不是一味地避免错误。因为只有通过实践，孩子们才能真正学会如何解决问题，如何从失败中汲取教训。

家长还可以鼓励孩子多参加学校社团活动与社会实践活动，从而提升综合素养。

一位爸爸说："我希望我的孩子能够健康成长、事业有成、家庭幸福。"这是作为父母最朴实的愿望。

当前的教育体制过于注重孩子的学习成绩，忽视了对其个性和特长的培养，未能鼓励他们对热爱的事物进行探索，同时也缺乏对孩子未来适应社会能力的培养。

在孩子的成长过程中，我们作为父母一直陪伴在其左右，鼓励并支持孩子积极主动参与学校的各种社团活动。还可以带着孩子参观我们的工作场所，让孩子感受工作的艰辛与乐趣；在秋收季节，让孩子体验农田劳作，而不是一味地将他局限于学习之中。

我们还要教导孩子养成独立思考的能力，鼓励他们敢于向权威提出质疑，勇于探索未知领域，发现并追随自己的热爱，最好能将自己喜欢的事化为行动。这样，孩子才能在未来的道路上树立起自己的价值观和世界观，才能内心富足地生活。

此外，随着人工智能时代的到来，孩子们的社会化变得越发重要。在这个充满不确定性的未来世界中，尽管掌握知识和技能对于适应未来的社会环境至关重要，但仅仅具备这些能力已不足以应对快速变化的世界。因此，我们更应该关注孩子的社会化过程，促进孩子更好、更快地融入社会，并能自主掌控自己的命运。这是父母送给孩子最好的礼物，也是父母的必修课。